JN409572

임학선 춤 50년 작품집

임학선 안무노트

마음꽃

임 학 선 지음

임학선 춤 50년 작품집

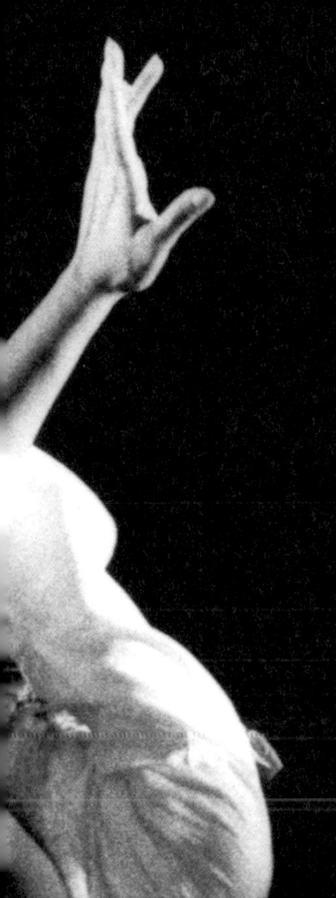

임학선 안무노트

마음꽃

임 학 선 지음

차례

저자 서문

안무노트의 필요성

작품 〈마음꽃〉은 1992년 서울무용제 출품작이다. 안무노트는 25년 전 초연 당시 작성되었던 것을 몇 차례의 수정보완을 거치며 정리된 것이다.

대학에서 창작무용을 배우면서 메모하던 습관이 한국창작춤 활동이 활발해지던 1980년대에 이르러 자연스럽게 발전된 것이 나의 안무노트이다. 한국춤의 소재개발과 표현기법 확대에 관심이 많았던 그 시절, 안무노트는 새로운 춤의 소재를 탐색하고 안무과정 하나하나를 체계적으로 정리하는 습관으로 이어졌다.

안무노트 작성에 큰 관심을 가졌을 무렵 우연히 스타니슬라브스키 연출노트를 접하게 되었다. 공연현장이 생생하게 느껴지는 그의 연출노트는 나의 안무노트 완성에 많은 도움이 되었다.

춤에서 대본이나 안무노트가 꼭 필요한가? 라는 질문에는 많은 이견이 따를

수 있다. 춤은 몸을 매개로 하는 예술이기에 굳이 말이나 글로 표현하지 못하더라도 좋은 작품을 만들 수는 있다. 그러나 즉흥적인 아이디어를 좀 더 구체화하는 분석 능력이 전제된다면 작품의 완성도는 배가될 것이다.

희곡을 통해 연극을 상상할 수 있고 악보를 통해 음악을 떠올리듯이 춤대본이나 안무노트를 통해서도 춤을 상상해 볼 수 있을 것이다. 안무 경험이 많지 않은 초보자들은 무엇을 어떻게 해야 할지 몰라 어려움을 겪게 된다. 막연한 생각으로 안무에 임하려고 할 때 대부분 음악에 맞추어 동작만을 나열하는 경우를 흔히 보게 된다.

안무노트는 자신의 생각을 정리하고 다듬어 밀도 있는 안무로의 접근을 가능하게 해준다. 그 과정에서 뜻하지 않은 새로운 아이디어를 얻기도 한다. 그것은 단순한 기록 그 이상으로 작품의 재생과 보존 그리고 작품을 구체화시켜 가는 것을 배우고 분석하는 사고를 키워갈 수 있는 장점을 지닌다.

이를 위해 안무자는 가장 먼저 자신의 생각을 어떠한 방식으로 표현할 것인가에 대해 먼저 고민해 보아야 한다. 이는 안무에 임하기 전 자신의 생각을 구체적으로 정리하는 습관에서 가능하다는 것을 전제하므로, 자신도 모르는 사이 오랜 반복적 체험과 교육에서 이루어질 수 있다는 것을 숙고해야 할 것이다.

복잡한 과정으로 느껴질지 모르지만 안무자는 먼저 자신의 생각을 말할 수 있어야 하며 또한 글로도 쓸 수 있어야 한다. 그러고나서 몸으로 표현할 수 있어야 할 것이다. 실제 안무에 들어가기 전 안무노트 작성이 꼭 필요한 이유이다.

나의 경우, 안무는 몇 단계의 과정을 거치게 된다. 먼저 춤대본을 쓰고, 주요장면을 디자인하고, 표현방법을 계획하면서 안무노트를 써내려간다. 안무노트가 1차적으로 완성되면 그것을 토대로 안무에 착수하고, 이를 지속적으로 수정·보완하면서 작품의 디테일을 완성하는 것, 이것이 나의 안무법이다.

춤대본은 먼저 관련자료를 수집하고 그 자료를 정리하는 것으로부터 시작된다. 작품의 주제가 정해지고 내용이 확정되면, 작품을 각 장별로 크게 구성한 다음 각 장을 세분하여 작품의 방향을 잡아간다. 그런 후에는 각각의 특징적인 장면과 내용을 서술형식의 춤대본으로 써내려간다.

그 다음은 주요 장면을 디자인으로 구체화하는 단계이다. 춤대본을 토대로 동작을 그림으로 그리고, 그것의 상징적인 표현방법을 결정하고, 또 무대 공간을 어떻게 활용할 것인가를 스케치하는 계획과 함께 소품·의상·조명·장치 등을 생각한다. 이 같은 과정에서 안무노트가 세부적으로 작성된다.

안무노트가 작성되면 실제 안무에 들어가게 된다. 안무의 첫 단계인 안무노트가 작성되기까지는 자신의 생각을 그리고 지우기를 몇 번이고 반복하게 되지만, 이를 통해 나만의 방법론을 찾을 수 있다는 것은 안무노트 작성에서 얻는 큰 희열로 다가온다.

여기서 중요한 것은 안무자 스스로 창의적인 사고를 키우고 배우며 이를 통해 보다 효율적으로 안무에 임할 수 있게 해준다는 것이다. 〈마음꽃〉 안무노트는 비록 나 자신만의 방법이기는 하지만, 작품을 만들어 가는 과정과 아이디어를 구체화시켜 가는 방법이 고스란히 담겨져 있다고 본다. 따라서 안무를 처음 접하는 학생들이나 신인들에게 참고가 될 수 있을 것이라는 작은 기대에서 이 책을 발간한다.

그 시작은 2014년 이른 봄부터인 것으로 기억된다. 나의 첫 작품집인 『여유와

극복의 춤새김질』 이후 쌓여 있던 자료들과 50년 세월이 압축된 사진을 정리하는 동안 지난 과거는 새록새록 현실로 되살아나기 시작했고, 소소한 흔적들은 나를 어린 아이처럼 설레고 또 웃음 짓게 했다. 그러기를 꼬박 4년이 흘렀다.

작품집 네 권의 동시발간이라는 지난한 과정에도 불구하고, 이번에도 나를 지켜준 건 역시 제자들이 아닌가 싶다. 사진자료를 정리해준 최성아, 안무노트를 꼼꼼하게 읽어준 이정민, 책의 디자인을 맡아준 이승은, 그리고 총 편집에 힘써준 박자은에게 각별한 고마움을 전한다.

무엇보다도『임학선 안무론』,『임학선 안무노트』,『임학선 작가론』,『임학선 춤평론』이 성균관대학교 유가예술문화콘텐츠연구소 총서로 발간되는 것에 깊이 감사한다. 오늘이 있기까지 지속적으로 지원해주신 총장님 이하 학교 관계자와 출판부 여러분, 임학선 춤 50년 작가론과 공연리뷰를 남겨주신 평론가님들, 긴 세월 함께 하며 무대를 빛내준 자랑스러운 제자들, 그리고 사랑하는 가족과 남편에게도 따뜻한 고마움을 전하고 싶다.

〈마음꽃〉을 안무하던 곳, 두리춤터에서

임학선

마음꽃
작품 〈마음꽃〉은 '수'라는 바느질 행위의 전통적 소재를 통해 지혜롭게 삶을 이어간 한국 여인의 마음을 표현한 작품이다. '수'를 놓는다는 것은 아름다운 창조적 행위이자 자신의 마음을 전하는 것이기도 하다. 한 땀 한 땀으로 피워낸 수는 곧 마음의 결정체로 이를 '마음꽃'이라 이름 하였다.

I. 마음꽃

마음꽃

스태프

대본 및 안무노트 : 임학선

안　　무 : 임학선

무대연출 : 김효경

음　　악 : 신혜영

미　　술 : 김수자

의　　상 : 정　선

음　　향 : 조갑중

무대감독 : 윤병하

조명/슬라이드 제작 : 이상봉

출　　연 : 임현선

김기화 최성아 정난숙 김현주 김영환 이지은 최윤희 연동은

송영미 전선희 김수진 김재득 최태선 정성훈 강승구 박종삼

공연시간 : 40분

초　　연 : 1992년 10월 17일~18일(제14회 서울국제무용제 참가작)

장　　소 : 문예회관 대극장(현, 아르코예술극장 대극장)

작품 〈마음꽃〉은 설치미술작가 김수자의 작품 〈마음세계〉를 모티브로 한 것이다. 대본은 초연 당시 박희준이 시로 썼던 것을 안무자가 다시 춤대본으로 작성하여 이 책에 수록하였다.

1. 안무 의도

'수'를 놓는다는 것은 보다 아름다운 것을 만들고자 하는 창조적 행위이다. 수가 처음에는 단순히 천을 꿰매는 기능적인 바느질에서 비롯되었지만, 점점 장식적인 요소가 들어가고 수를 놓는 사람의 정신이 가미되면서 자수라는 훌륭한 민예예술로 승화하였다.

한편 수를 놓는다는 것은 수를 놓는 물건에 자신의 마음을 담아 전하는 행위이기도 하다. 따라서 한 땀 한 땀으로 완성된 수는 한 조각 한 조각의 마음을 이어놓는 염원의 결정체이다. 그 결정체를 마음꽃이라 이름 지어보았다.

한국 여인은 바느질을 통해 한을 달래며 삶을 이어갔다. 한 바늘 한 바늘 수를 놓듯 각자의 삶을 이어가며, 잘못 놓아진 수를 뜯어내기도 하고 잘려져 남겨진 실밥을 정리하기도 한다. 이렇듯 한 작품의 수를 완성하기까지는 수없이 많은 실수를 거듭하게 되며 그 과정을 이겨내는 인내가 필요하다.

한국의 조각보와 수에서 느껴지는 아름다움은 이와 같은 인내의 미학에서 출발한 것으로 생각된다. 그것은 삶의 작은 것까지도 껴안을 줄 알았던, 고통스럽던 지난 시대의 넉넉한 어머니의 숨결이 그 속에 있기 때문이다.

작품 〈마음꽃〉은 여인과의 친화 속에서 그 독특한 정감의 향기를 띤다. 여인의 삶의 뒤안길에서 마음꽃은 내밀한 정서로 표현된다. 여인들의 내밀한 삶은 꽃을 매개로 하여 여인의 소담한 꿈과 안으로 삭이는 인고의 엮음으로 표현된다. 그 표현은 많은 꽃들 속에서 숨 쉬는 수많은 여인들, 즉 옛 여인들의 마음을 환기해내는 접신接神의 떨림이 동반된다. 다양한 색깔의 화려하면서도 슬픈 분위기는 한국 여인들의 한 많은 삶을 대변해주듯 마음의 울림을 동반한다.

〈마음꽃〉은 삶을 소중하게 끌어안을 수 있는 여인의 마음, 즉 어머니의 숨결을 주제로 하여 실의 일생과 여인의 일생에서 공통점을 찾아 표현하였다. 부드러운 실과 천의 이미지, 강한 바늘의 이미지를 결합하여 삶의 다양한 모습을 형상화하여 한국 여인들의 마음속에 수놓아진 슬픔과 기쁨을 표현하고자 하였으며, 바느질로 삶을 이어간 한국 여인들의 모습을 통해 오늘 우리의 모습을 뒤돌아보고자 하였다.

2. 작품 내용 및 춤 구성

〈마음꽃〉은 '수'라는 바느질 행위의 전통적 소재를 통해 지혜롭게 삶을 이어간 한국 여인의 마음을 표현한 작품이다. 나약하게 느껴지는 한국 여인이 내면에는 강인함을 지키고 있음을 작품에서 보여준다. 여인은 바늘과 실로 수틀에 자신의 마음을 표현하며 기쁘고 슬픈 일을 매듭짓고 풀어감으로써 맺힌 한과 얽힌 매듭을 마음꽃으로 피워나간다. 즉 자신의 삶을 지키려는 씨줄과 타인에 의해 삶이 지배되는 날줄이 만들어내는 매듭 사이에서 빚어지는 고통과 그 매듭을 풀어내는 어머니의 모습을 담고 있다.

작품은 결혼을 앞둔 여인이 행복한 꿈을 간직한 채 누에에서 실을 뽑아내어 천을 짜고 수를 놓아가며 혼수품을 마련하는 것으로 시작된다. 여인은 혼례를 치른 후 시집살이에서 지켜야 할 내훈을 전달받게 된다. 자신의 삶을 지키려고 애를 쓰지만 본인의 의지와는 달리 타인에 의해 삶이 지배된다. 험난한 바늘밭을 헤쳐 나가야 하는 여인은 바늘로 자신을 인내한다. 풀 수 없는 많은 매듭들을 슬기롭게 풀어 가려는 여인의 마음이 각양각색의 마음꽃으로 수놓아지게 됨을 표현한다.

〈마음꽃〉의 춤구성은 다음과 같다.

제1장 실

1. 순이의 일상
2. 순이와 누에의 춤
3. 물레와 실의 춤
4. 베틀과 천의 춤

제2장 혼례

1. 혼례
2. 내훈
3. 타인의 지배

제3장 바늘방

1. 바늘춤
2. 바늘방
3. 순이의 탈진

3. 표현기법

1) 춤 구성 : 스토리가 있는 기승전결의 극적 구성

2) 내용 : 마음꽃으로 피어나는 한국 여인의 삶을 실, 바늘, 매듭, 꽃 등의 이미지로 표현

① 실과 여인의 공통점(인간과 사물과의 관계)을 찾아 구체적, 사실적으로 전개되는 작품의 내용을 상징적 이미지로 표현함

② 부드러운 천의 이미지와 강한 바늘의 이미지를 결합하여 한국 여인의 다양한 삶의 모습으로 형상화

3) 표현기법 : 은유와 상징을 통한 극소 표현의 최대 효과(Minimalist maxim)

① 전통과 현대의 조화

② 군무 : 시적 이미지의 조형성을 살림

③ 독무 : 내적 감정의 호소력을 강조

④ 사물을 인간의 삶으로 상징화함

꽃(여인의 마음)

수(여인의 마음, 인내)

실(여인의 마음)

바늘(타인)

바늘밭, 바늘방(시집살이)

매듭(다양한 인간관계)

⑤ 실과 바늘은 여인을 엮는 매개체

⑥ 손끝과 발끝을 강조한 동작과 입체적 춤 구성

⑦ 의상과 조명을 흑백으로 사용

4) 인물 구성

총 출연 인원 17명(여자 12명, 남자 5명)

여자 주인공(순이)	: 1명
동네 아낙	: 4명
가마꾼	: 1명
타인	: 5명
누에, 실, 천	: 10명

바늘 : 13명

매듭 : 16명

꽃 : 16명

5) 동작 구성 : 인체의 각 부위(무릎마디, 손끝, 발끝)를 응용한 표현기법

① 동작 이미지 : 손끝, 발끝(뾰족한 바늘), 무릎마디의 움직임(누에)

② 동작선 이미지 : 부드러운 곡선의 이미지(여인의 마음)

날카롭고 뾰족한 직선의 이미지(바늘의 성격)

엉키고 꼬인 선의 이미지(여인의 복잡한 마음)

매듭 이미지(여인의 응어리진 마음)

6) 장면 구성 : 현실 삶의 구체적 내용을 은유와 상징으로 이미지화함

7) 무대미술(배경막)

① 슬라이드(호리존트) : 창살무늬, 무채색 꽃, 다양한 색깔의 꽃, 한 송이의 붉은색 꽃

② 꽃은 여인의 마음을 상징

③ 흑백꽃 – 무지갯빛 꽃 – 한 송이의 붉은색 꽃 : 주인공 순이의 마음이 변화되고 성장해가는 것을 표현

④ 마지막 한 송이의 붉은색 꽃 : 다양한 감정들을 하나로 응집시키는 여인의 마음을 상징

8) 소도구

① 베틀의 북과 직사각형의 흰색 천

② 베틀의 북은 주인공의 삶을 이어가는 중요한 도구로 사용되며, 행위의 연장으로 춤을 구체화시킴

③ 직사각형의 흰색 천(가로 5미터, 세로 4.5미터)은 삶의 터전, 가마, 타인, 권력 등을 상징한다. 이는 공간 구성의 입체적 변화, 장면 전환, 상황 변화, 시각적 효과의 극대화를 유도해줌

9) 의상

① 주인공 순이는 따뜻한 색으로, 실과 바늘 등의 무생물은 차가운 느낌의 투명한 천으로 함

② 실은 흰색으로, 바늘은 검은색으로 상징함

10) 분장

① 인간과 사물을 구분하여 분장을 달리함

② 생명이 없는 사물, 즉 실과 바늘의 무용수는 손과 발을 옅은 백색으로 하고, 주인공 순이는 따뜻한 색으로 분장하여 성격을 구분함

4. 시놉시스

장	세부 장면	춤 내용	표현기법	시간	인원
서막	막이 오르기 전	순이는 베틀의 북 앞에 앉아 있고 누에들은 상수 쪽에 누워 있음	무용수들은 움직이지 않고 막이 오르기를 기다림	30초	11명 순이와 누에 10
	막이 오른다	조용한 마을 분위기	베틀의 북만 보이도록	15초	
제1장 실	순이의 일상	순이는 옷매무새를 가지런히 하고 북과 다정한 대화를 나눔	순이와 베틀의 북은 한마음으로 이어짐	2분 22초	1명 순이
	순이와 누에의 춤	누에의 움직임은 뒤뚱뒤뚱 꿈틀거리며 허물을 벗음	누에들은 누운 자세에서 다리와 무릎 마디마디의 움직임을 탄력 있는 동작으로	2분 5초	11명 순이와 누에 10
	물레와 실의 춤	순이는 물레가 되고 누에는 목화송이에서 실로 피어남	실의 이어짐은 일직선으로 길게 이어지는 춤으로 실의 감김은 달팽이 모양의 꼬아가는 선의 이미지로	3분 30초	11명 물레와 실춤 10
	베틀과 천의 춤	순이는 베틀이 되고 실은 베틀에서 천이 짜여짐	수직선과 수평선을 이용한 씨줄날줄의 춤을 표현	4분 1초	11명 베틀과 천춤 10
제2장 혼례	혼례춤	순이의 혼례 날 우아한 자태로 혼례춤을 선보임	전통혼례의 이미지 가마꾼은 흰색 사각천 위에 앉아 있는 순이를 끌고 나옴, 흰색 사각천은 가마와 신방 삶의 터전 등을 상징	3분 13초	5명 순이 가마꾼 1 동네 아낙 4
	내훈	첫날밤의 내훈의식	흰색 천 위에서 내훈이 전달될 때 타인 등장		1명 순이
	타인의 지배	순이의 삶은 타인들에 의해 지배되고 변화해감	타인들은 순이를 이리저리 끌고 다님 흰색 천의 공중회전으로 삶의 소용돌이를 표현	3분 26초	6명 순이와 타인 5

음악	장치 소도구	조명	의상 분장
전자악기의 가야금 소리 서정적 분위기의 느린 4박자	베틀의 북	바닥에 놓여 있는 베틀의 북에 희미한 조명, 순이의 모습은 드러나지 않음	순이는 붉은색 치마, 노란색 저고리 누에는 투명한 얇은 흰색 의상
앞의 음악 계속		하수 앞 베틀의 북에 희미하게 조명이 오픈된 상태	
꿈에서 깨어나는 듯한 상큼한 분위기의 전자음악으로 변화를 줌		베틀의 북에 약한 조명 순이의 모습은 차츰 선명하게	
전자음악 빠른 템포의 경쾌하고 리드미컬한 4박자 쿵딱쿵 쿵딱쿵 쿵딱쿵 쿵딱쿵		누에가 신비스럽게 피어나도록 스모그 사용 순이는 따뜻한 핑크색으로 누에는 다크블루의 투명한 색으로	누에는 손과 발 몸 전체를 약한 백색으로 분장
가야금과 전자음의 조화 서정적 분위기의 느린 4박자 전자악기의 해맑은 소리를 배경음악으로	베틀의 북 무채색 꽃 호리존트에 비춤	화사한 느낌	
가야금, 장구, 북, 피리의 합주 배경음악은 사라지고 4박자의 휘모리장단	무채색 꽃	어두운 청색 119번 엷은 청색 117번 입체감을 줌 엷은 보라색 137번 사이드	
가야금과 양금으로 연주 전통혼례의 4박자 다령장단	흰색 사각천 창살무늬의 슬라이드 호리존트에 비춤	사이드 조명 밝은 화이트의 혼례길과 사각천의 신방	순이는 분홍색 활옷과 연두색 베일이 달린 족두리, 베이지색 한복 가마꾼은 검정색 의상 청색 망토
양금과 전자악기의 북소리	흰색 사각천	살구색 147번 흰색 사각천	
4박자의 무거운 북소리 남성적인 강한 느낌 혼례음악과 북소리를 오버랩시킴	흰색 사각천	푸른 색깔 137번 147번 117번 사이드 조명 in/out을 반복 불길한 예감을 암시	타인은 망사천을 덧댄 검정색 의상

장	세부 장면	춤 내용	표현기법	시간	인원
제3장 바늘방	바늘춤 ~ 바늘방	순이의 시집살이는 바늘춤으로 표현 순이는 인내와 지혜의 미덕으로 모진 고통을 이겨냄	인내의 춤은 곡선적인 동작으로, 시집살이는 날카롭고 직선적인 동작으로 대비를 줌 클라이맥스는 바늘방으로	6분 49초	14명 순이와 바늘 13
	순이의 탈진	모진 고통을 이겨낸 순이의 모습	순이의 인내와 무리력해진 바늘들의 살아 있는 모습 표현	10초	
제4장 매듭	탈진한 순이와 살아 있는 바늘춤의 대비	탈진한 순이의 모습은 아름답고 바늘들은 살아서 꿈틀대며 순이를 공격하려 함	무기력해진 바늘은 무대 뒤쪽으로 굴러가며 힘을 잃어감 가끔씩 불규칙적으로 바늘 끝을 세움 살아 있음을 과시	5분 36초	17명 순이 바늘 16
	매듭으로 엉켜가는 바늘들	풀리지 않는 매듭을 풀어감 순이의 독무와 매듭으로 뭉치려는 바늘들의 춤	단단한 매듭으로 뭉쳐감 순이를 매듭 속에 묻어버림		
제5장 마음꽃	순이의 매듭풀이	매듭을 풀어가는 순이의 춤 매듭으로 뭉쳐가던 바늘들은 순이의 마음에 동요됨	순이의 의지와 달리 매듭은 더욱 단단하게 뭉침 매듭은 실의 엉킴과 풀림으로 표현	1분 44초	
	화합	풀어진 매듭은 순이를 따르며 화합으로 뭉쳐감	화합의 춤은 원형으로 돌아가며 순이를 중심으로 단단하게 모임	1분 51초	17명 순이와 바늘 16
	수	순이는 마음꽃의 수를 완성한다	순이를 따르던 무용수들은 수직과 수평동작을 이용하여 한 바늘 두 바늘 순이의 마음꽃으로 수놓아진다.	3분 21초	
	마음꽃	순이의 마음꽃이 무대 가득 피어난다	수틀에 완성된 마음꽃의 무리들은 출렁이며 호리존트에는 붉은색 꽃으로 피어난다.		1명 순이

음악	장치 소도구	조명	의상 분장
전자악기와 사물연주 죽비 치는 소리와 5박자의 무거운 북소리 사물연주가 긴장으로 몰아감 죽비 내려치는 효과음으로 긴장감을 몰아감		사이드 조명 흰색 분장을 하고 무용수들의 손끝과 발끝만 공중에 떠 있는 것처럼 보이도록	순이는 베이지색 의상 바늘춤은 검정색 의상
바늘춤이 끝나면 잠시 무음악으로 이어간다		컷아웃으로 암전되고 서서히 조명이 들어옴	
대금, 북소리 전자음악 느린 4박자 대금은 순이의 애절함을 표현 전자음악은 배경음악으로	무채색 꽃	Backlight 117번 차가운 느낌 사이드 조명 따뜻함 147번 순이의 모습 선명하게 바늘은 손끝 발끝만 공중에 떠 있는 것처럼 보이도록	
대금은 점점 고조되면서 흥을 돋우어나감	베틀의 북		
사물연주 북소리 전자악기 순이의 독무는 대금 연주로 매듭의 군무는 사물연주와 전자악기의 북소리로	베틀의 북 순이는 북을 들고 매듭을 풀어감	순이의 손에 쥐여 있는 베틀의 북만 보이도록	
사물연주 매듭풀이를 휘모리장단으로 힘차고 빠르게 몰아감	베틀의 북	무대 상부를 모두 밝힘 119번 132번 117번 147번 사이드로 무대를 밝힘 117번 147번 137번	
앞의 음악 계속	베틀의 북 컬러 꽃(호리존트에 가득이 피어난다)		
느린 4박자 가야금 소리와 전자악기의 배경음악을	베틀의 북 붉은색 꽃(한 송이)	앞에서 순이를 투사 군무진 배경막에 비치고 여러 송이의 꽃에서 한 송이의 꽃만 남도록	

Ⅱ. 마음꽃 안무노트

안무노트를 읽는 사람들에게

『임학선 안무노트 마음꽃』은 안무를 구체화시켜가는 과정을 기록한 책이다. 안무노트에서는 대본과 주요 장면의 춤 동작과 춤 구성 그리고 표현방법 등의 안무계획, 즉 안무에 임하기 전 단계의 과정을 중요하게 다루고 있다.

대본은 짝수 페이지에, 그리고 대본에서의 주요 장면 디자인은 홀수 페이지에 수록했다. 짝수 페이지의 대본을 보면서 주요 장면을 이해할 수 있도록 구성한 것으로, 짝수 페이지의 대본에 삽입된 [1]에서 [153]까지의 각주 번호는 홀수 페이지의 [1]에서 [153]까지의 번호와 일치시켰다. 홀수 페이지의 각주에 삽입되는 내용은 모두 안무자가 직접 디자인하고 그린 그림을 그대로 수록하여 안무 당시의 현장감을 살리고자 하였다.

그 밖에 플로어 패턴 디자인은 무용수의 얼굴을 흰색(○)으로, 머리 부분은 검은색(●)으로 표기하여 앞(○), 뒤(●), 상수 쪽 옆(◐), 하수 쪽 옆(◑), 위(◒), 아래(◓)의 여섯 방향으로 구분하였으며, 화살표나 직선, 점 등의 기호를 사용하여 춤의 흐름을 나타냈다.

제1장

실

막 오르기 전 무대

순이와 베틀의 북

그리고

나란히 누워 있는 누에들

무대 하수 앞쪽에는 순이가, 상수에는 누에들이 있다.

하수 앞에 다소곳이 앉아 있는 순이는 마치 잠들어 있는 것처럼 편안해 보인다. 눈을 감고 고개를 숙인 채 양팔에 얼굴을 묻고 비스듬히 앉아 있다. 순이의 앞에는 베틀의 '북[1]'이 놓여 있고, 상수 쪽에는 누에를 상징하는 무용수 10명이 나란히 누워 있다. 무용수들은 머리를 중앙 쪽으로 향하고 어깨를 서로 맞대고 누운 채 막이 오르기를 기다린다[2].

무대 : 공연을 알리는 예비종이 울리면

하수 앞쪽에 위치한 베틀의 북에 희미하게 조명을 준다.

음악이 흐르고(30초)

객석 조명이 꺼지면

잠시 후 막이 오른다(15초).

막 오르기 전 무대

[1] 베틀은 명주·모시·무명·삼베 등을 짜는 틀이다. 베틀의 '북'은 천을 짤 때 사용하는 도구이다. 실을 감은 실꾸리를 북에 넣어 고정시켜 베틀 사이를 왔다 갔다 하며 천을 짠다. 베틀의 북은 작품의 내용을 전개시켜가는 중요한 도구로 사용된다.

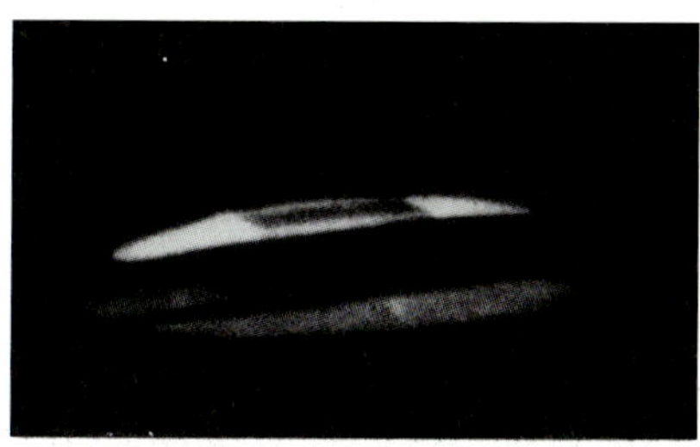
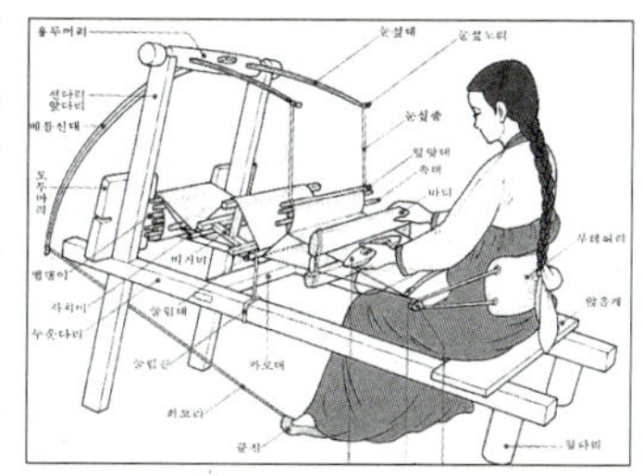

[2] 순이와 10명의 누에들

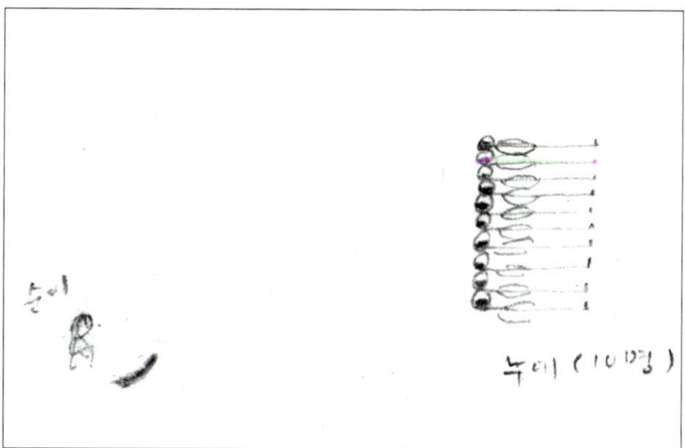

제1장 실

다소곳이 잠들어 있는 순이

잠시 후

날이 밝아오면 순이의 모습이 서서히 드러난다.

따사로운 햇살의 아침을 맞이하며

순이의 하루가 시작된다.

혼례를 앞둔 순이가

물레를 돌리며 누에에서 실을 뽑고

베틀에서 천을 짠다.

마치 한 생명이 태어나 삶을 준비하듯

씨줄과 날줄로 천이 짜이며

한 여인의 삶이 펼쳐진다.

1. 순이의 일상

서정적 분위기의 영롱하고 해맑은 느낌의 음악[3]이 아련하게 들려온다. 잠시 후 객석 조명이 꺼지고 막이 오르기 시작하면 베틀의 북에 희미한 빛을 준다. 날이 밝아오듯 불빛이 서서히 밝아지면서 순이 앞에 놓인 베틀의 북이 선명하게[4] 보이고, 두 팔로 무릎을 감싸고 앉아 있는 순이의 모습도 어렴풋이 드러난다.

순이는 붉은색 치마에 노란색 저고리를 입고 머리는 하나로 묶어 짧은 댕기를 드린다. 누에로 상징된 무용수들은 팔의 선이 드러나 보이는 흰색의 얇은 의상을

제1장 실

[3] 느린 6박자의 전자음악

[4] 조명을 하수 앞쪽에 위치한 베틀의 북–순이–누에의 순으로 주도록 하여 상수에 누워 있는 누에의 모습이 차츰 드러나도록 한다.

입고 아무런 미동도 없이 누워 있다.

순이 : 이른 아침 따사로운 햇살이 비추어진다.

순이는 얼굴을 팔다리에 묻고 조용히 앉아 있다.

음악이 잔잔하게 흐른다.

멀리서 아련하게 들려오는 음악 소리에 고개를 든다.

눈이 부시다.

고요한 아침, 순이의 하루가 시작된다.

옷매무새를 만지고 몸단장을 하며 주위를 둘러본다.

바로 앞에 놓여 있는 베틀의 북을 보고 미소 짓는다[5].

자리에서 일어나 북을 잠시 바라보더니 어디선가 들려오는 음악 소리에 귀 기울이며 따라간다(무대 중앙으로).

누에의 무리를 발견하고 살금살금 조용히 다가간다[6].

그 순간 순이의 마음은 설렘으로 두근거린다.

표정이 상기된 순이의 시선이 베틀의 북으로 향하고, 다시 누에로 이어진다.

순이는 베틀의 북이 있는 곳으로 한걸음에 달려가 다정하게 속삭인다[7].

베틀의 북도 그에 답하듯 밝게 빛난다[8].

그렇게 그들은 서로를 바라본다.

[5] 베틀의 북을 바라보는 순이

[6] 누에를 발견하는 순이

순이가 음악 소리를 따라 무대 중앙으로 가면 상수에 나란히 누워 있는 누에들을 발견하게 된다.

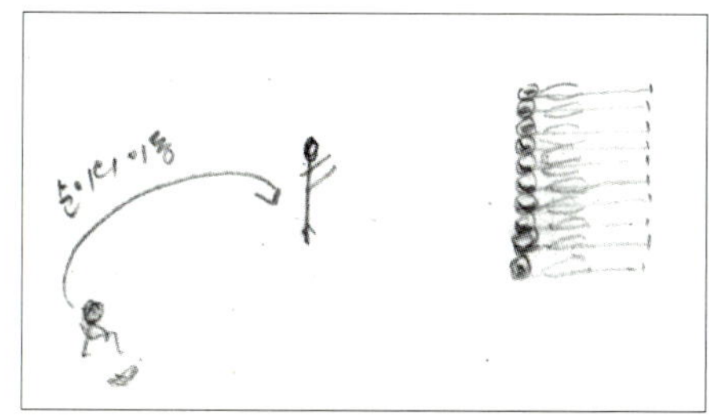

[7] 베틀의 북을 내려다보고 다정하게 미소 짓는 순이

[8] 베틀의 북이 선명하게 드러나도록 빛을 강하게 준다.

2. 순이와 누에의 춤

서정적인 분위기에서 경쾌하고 빠른 템포의 음악[9]으로 바뀌면서 누에의 춤이 생동감 있게 펼쳐진다. 누에들의 움직임은 뒤뚱뒤뚱 익살스러워 보인다. 누에들의 손과 발은 흰색으로 분장하여 무생물의 분위기를 살리도록 한다. 순이는 화사한 빛의 조명으로 비추고, 누에는 다소 차가운 느낌의 투명한 파란색 빛을 준다.

순이 : 음악이 바뀌고 무대가 밝아진다.

순이는 빠른 걸음으로 누에들이 있는 곳으로 달려간다[10].

순이는 발끝을 들고 잔걸음으로 이동하면서(좌우 옆으로) 누에를 고르기 시작한다[11].

소쿠리 안에 담겨 있는 누에들을 솎아내듯 순이의 팔이 아래위로 물결치듯이 부드럽게 움직인다.

누에들의 움직임을 내려다보는 순이의 표정이 밝아진다.

[9] 다듬이 치는 소리의 전자음악(4박 12분박 음악).

[10] 상수 쪽의 누에를 내려다보는 순이

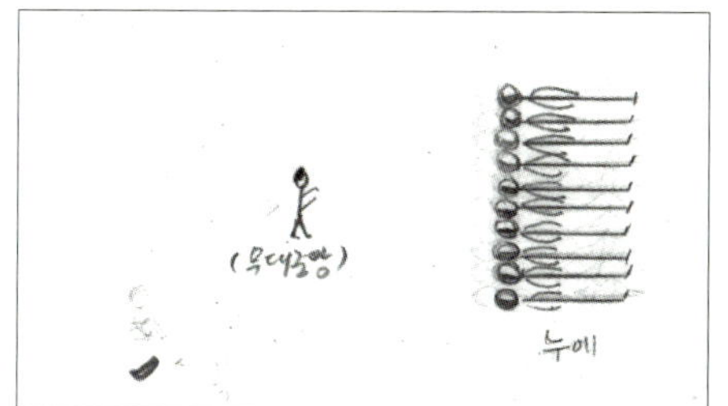

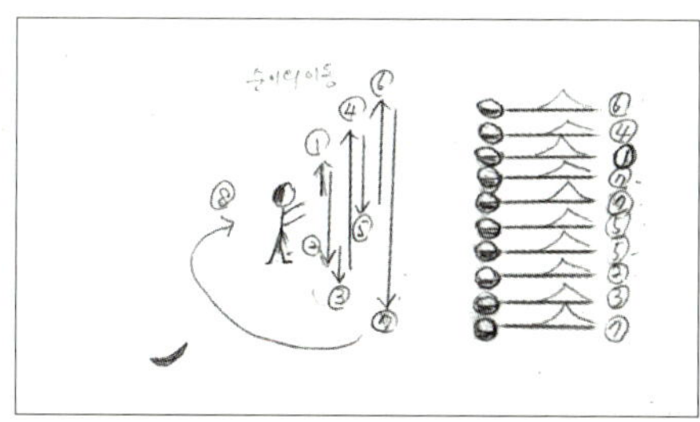

[11] 누에를 고르는 순이

순이는 발뒤꿈치를 들고 발끝으로 이동하면서 물결치듯 양팔을 아래위로 잔잔하게 흔들어주면서 누에의 움직임을 생동감 있게 이끌어낸다.

누에이 무리들은 순이의 움직임에 따라 ①에서 ⑦의 순서로 양쪽 다리를 아래위로 흔들어준다(작은 동작에서 큰 동작으로 강약의 변화를 주며). 순이가 ①번 지점으로 이동하면 누에 ①이 무릎 동작을 시작한다. ②③④…의 순서대로 누에들의 무릎이 움직이기 시작할 때, 물안개가 피어나듯 신비스러운 느낌이 들도록 포그를 사용한다.

누에 : 순이의 손끝 움직임에 따라 누에들의 무릎이 하나둘씩 따라 올라온다. 포그 속에서 피어나는 누에의 마디마디 움직임이 신비스럽다.

누에들의 무릎 동작은 아주 작은 움직임에서부터 리드미컬하게 점점 커져간다.

톡톡 튀어 오르는 누에들의 동작은 마치 피아노 건반이 움직이는 모양과 흡사하다[12].

순이의 손끝 움직임에 의해 하나둘씩 움직이기 시작하던 누에들의 무릎이 상승되면 그 형태가 선명하게 드러난다.

순이 : 순이는 꿈틀꿈틀 움직이는 누에들에게 살금살금 다가가다 불현듯 떠오르는 물레를 생각하며 빠른 걸음으로 그들을 훑고 지나간다[13].

순이는 물레가 되어 춤추기 시작한다.

누에들을 마주하며 물레를 돌린다.

물레가 된 순이의 움직임이 흥에 겹다.

누에들을 물레로 끌어들인다[14].

순이의 양팔은 힘차게 돌아가고(앞에서 뒤로), 무릎 굴신이 힘이 넘친다.

물레가 힘차게 돌아가면 누에들의 움직임도 더욱 탄력 있는 동작으로 이어진다.

[12] 누에의 다리 동작

10명의 무용수가 다리를 아래위로 흔들면 무릎이 차례차례 위로(ㅅ) 솟아오른다. 무릎 동작은 크기와 강약의 변화를 주면서 힘차고 빠르게 몰아간다.

작은 움직임에서 점차 큰 움직임으로 변화되는 무릎 동작의 리듬 패턴

[13] 순이는 잔걸음으로 무대 중앙으로 간다.

[14] 누에를 물레로 끌어들이는 순이

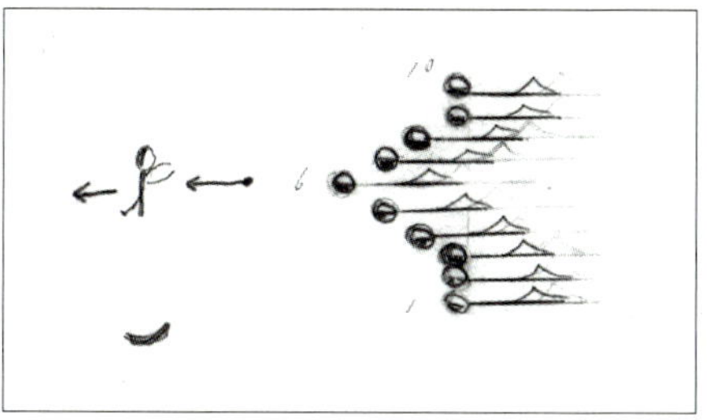

누에 : 순이가 누에의 무리를 물레로 끌어들이기 시작하면, 누에들은 차례 차례 순이를 따라간다[15].

그리고 물레 앞에 옹기종기 모인다.

[15] 물레를 돌리는 순이와 옹기종기 모인 누에들

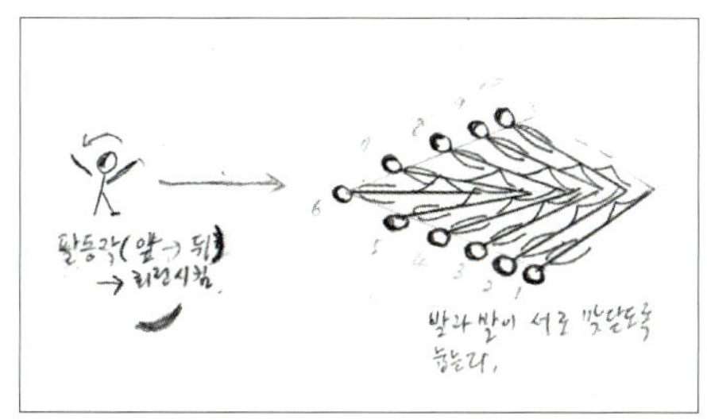

물레가 돌아가듯 순이의 팔 동작이 힘차게 돌아가면 누에들의 무릎 동작도 절정에 달한다. 누에들은 물레로 몰려들고 순이는 무대 중앙으로 이동한다.

10명의 누에는 양팔을 옆에 붙이고 똑바로 누운 자세에서 꿈틀거리며 기어간다. 누에들은 손바닥과 발바닥으로 힘 있게 무대 바닥을 밀고 차면서 어깨를 에스(S)자로 돌리며 빠르게 나간다. 중간에 누워 있는 누에 ⑥부터 ⑤⑦, ④⑧, ③⑨, ②⑩, ①의 순서로 빠져나간다. 누에가 차례차례 빠져나가면 A B C의 구성으로 변해간다.

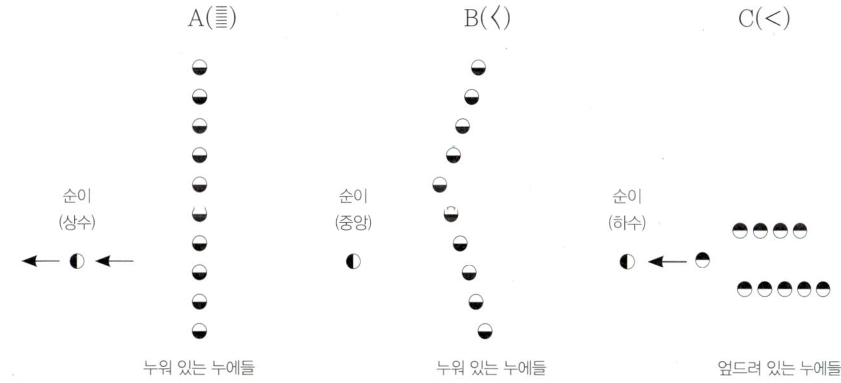

순이 : 순이는 목화송이를 말아가듯 누에의 무리를 도르르 말아 올린다.
순이의 시선은 계속 누에를 향한다.

누에 : (순이가 누에를 말아갈 때) 누워 있던 누에들은 순이를 바라보며 둘씩 짝이 되어 말리기 시작한다[16].
바닥에 대고 있던 상체를 들고 일어나며 몸을 뒤틀면서 방향을 바꿔준다.
톱니바퀴가 맞물리며 돌아가듯 둘씩 차례차례 따라 올라와 모두 말려들어간다.

순이 : 물레를 돌리던 순이는 빠른 잔걸음으로 사방으로 이동한다.

누에 : (순이가 빠르게 이동하면) 누에들은 허물을 벗기 시작한다[17].
몸통을 에스(S)자 형태로 뒤틀면서 엎어주고 젖혀주는 동작을 반복한다.
순이의 춤과 허물을 벗는 누에의 춤이 하나로 어우러진다.

[16] 목화송이처럼 도르르 말리기 시작하는 누에들

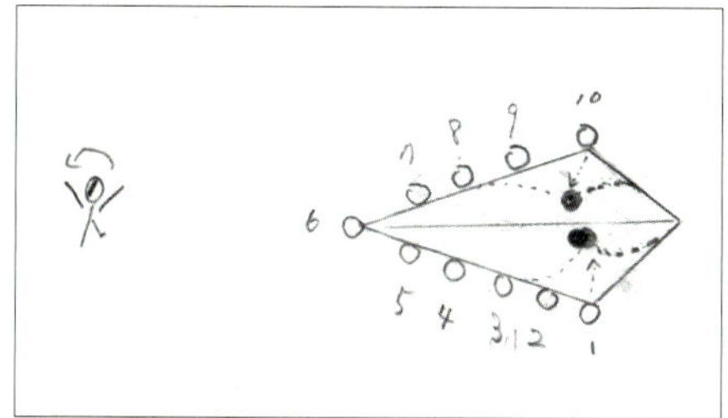

누워 있던 누에들이 뒤쪽부터 차례차례 말려들어간다. 도르르 말리는 동작은 2명씩(양쪽 끝) 짝이 되어 ①⑩이 먼저 상체를 들어 올린 후 몸 방향을 바꿔주며 가슴이 아래쪽으로 향하도록 엎드린다. 같은 동작으로 누에 ②⑨, ③⑧, ④⑦, ⑤⑥의 순서로 말아간다.

누운 형태 　　 상체를 조금 들어준 형태 　　 상체를 많이 들어준 형태

[17] 누에의 껍질을 벗겨 나가는 순이

순이는 발뒤꿈치를 들고(오른쪽 옆 걸음) 클로버 모양의 동선으로 원을 그리며 동작한다. 팔 동작도 파문을 일으키듯 작은 원에서 차츰 큰 원이 되도록 한다. 순이가 동작할 때 누에들은 용트림을 하듯 꿈틀거린다. 엎드린 자세에서 몸을 날렵하게 뒤로 젖히고 앞으로 튕기며 어깨와 몸통을 에스(S)자로 뒤틀면서 껍질을 벗는 것을 표현한다.

3. 순이(물레)와 실의 춤

차분한 4박의 굿거리 가야금[18] 연주에 장구, 북, 소금이 더해지면서 흥을 점차 더해 간다. 순이는 물레가 되고, 누에들은 실과 천이 되어 춤춘다. 순이는 베틀의 북을 들고 이리저리 오가며 누에를 고르고 물레를 돌리며 실을 뽑아낸다. 그 실은 씨줄날줄로 엮어지며 천으로 짜여진다. 배경막 호리존트(horizont)에는 수채화 느낌의 무채색 꽃[19]으로 가득 채워진다.

순이 : 물레가 된 순이는 혼수품을 마련하기 위해 누에에서 실을 뽑아낸다.

실 : 순이를 따라 실이 되어가는 누에들

누에 한 마리가 빠르게 상체를 일으켜 세우며 순이와 눈을 맞춘다[20].

그리고 그들은 한마음으로 피어난다.

[18] 서정적인 가야금 연주로 여성적 아름다움을 표현한다.

[19] 무채색의 꽃은 순이의 때 묻지 않은 순수한 마음으로 상징된다. 실춤이 시작될 때 호리존트에 무채색 꽃이 가득히 피어나도록 한다.

[20] 한마음으로 피어나는 순이와 누에

상수 쪽에 엎드려 있던 누에와 하수의 순이가 눈을 맞춘다. 순이는 누에와 한마음이 되어 마주 바라본다.

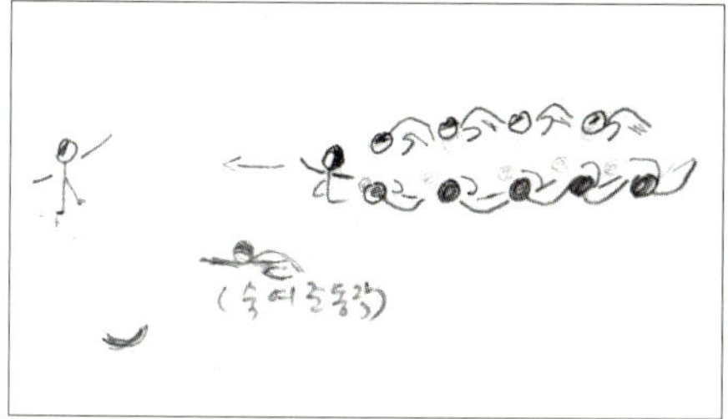

실 : 순이가 물레를 돌리기 시작하면 누에들은 실이 되어 순이를 따라 나간다.

실이 된 무용수들은 한 사람씩 차례로 상체를 일으켜 무릎으로 밀면서 나아간다. 그들은 긴 실로 이어지며 아련하게 피어난다.

가냘픈 이미지의 군무는 마치 호숫가에서 백조가 길게 늘어서서 춤추는 것처럼 아름답다.

긴 실[21]이 된 무용수들은 더욱 끈끈하게 인연을 맺으며 하나가 된다[22].

양팔로 스크럼을 짜고 몸을 뒤로 넘겨 바닥에 등을 대고 눕는다. 실과 실은 좌우로 상체를 밀고 당겨주며 질기게 엮이려 한다[23].

기계가 맞물려 돌아가듯 무용수들의 팔과 팔이 연결된다[24].

실과 실은 더욱 단단하게 인연을 맺는다[25].

[21] 실로 이어지는 누에의 무리들

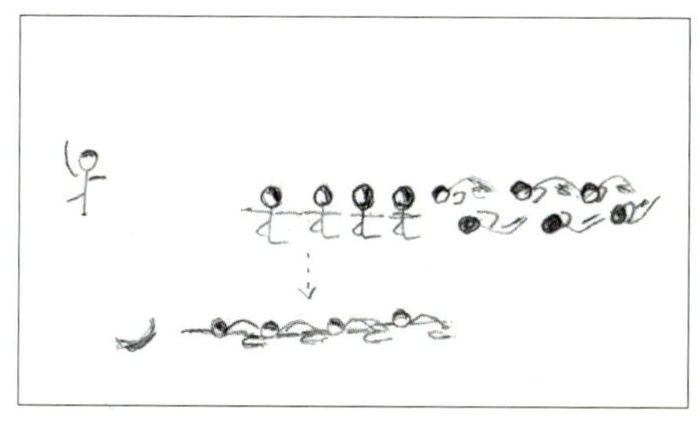

누에들은 앞에서부터 차례차례 일어나 실로 이어진다. 실이 되어 나오는 첫 번째 무용수는 앞을 향하도록 하고 그다음은 뒤를 보며 나온다. 앞–뒤–앞–뒤–앞–뒤의 모습으로 이어진다.

[22–25] 긴 실로 질기게 이어지는 누에들

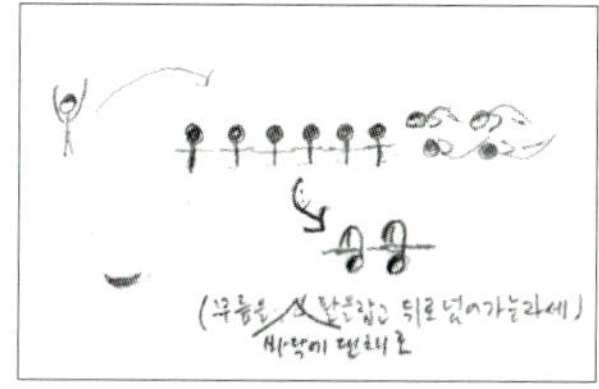

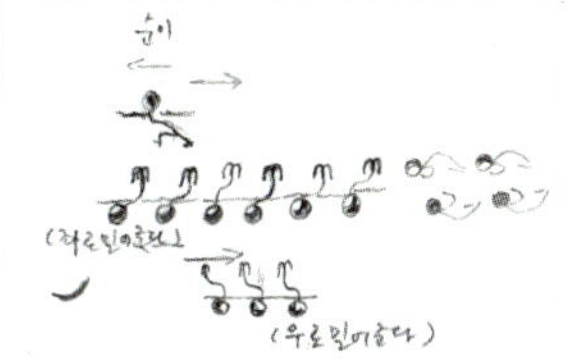

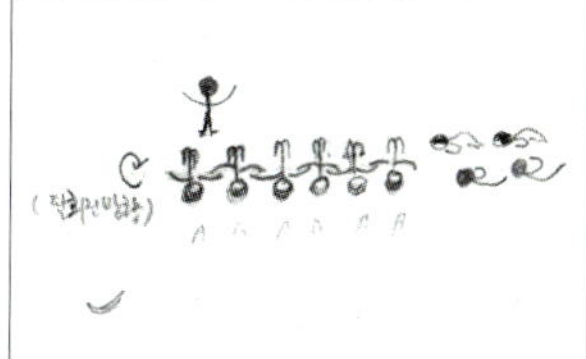

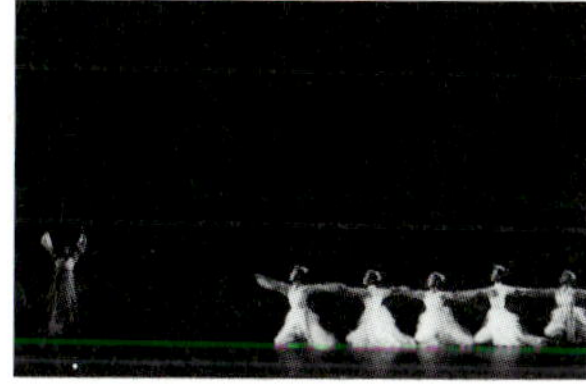

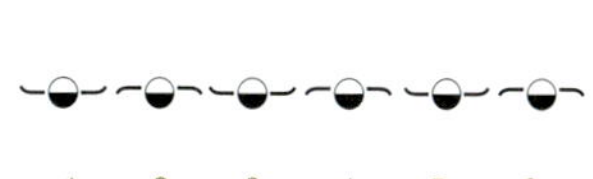

1 2 3 4 5 6

양옆으로 들어 올린 팔을 뒤에서 앞으로 돌린다
(무용수들은 등을 바닥에 대고 머리를 관객 쪽으로 향해 누워 있다)

누운 자세에서 서로 잡고 있던 양팔을 바닥으로부터 위로 들면서 돌려준다. 이때 옆 사람과

순이 : 순이는 실과 한마음으로 길게 이어진 자신을 바라본다. 그리고 하수 앞에 놓아두었던 베틀의 북으로 달려가 그 북을 집어 들고 실로 이어진 무리들에게(상수) 다가간다[26].

베틀의 북이 자신과 일생을 함께할 다정한 친구임을 느낀다.

순이는 자신의 혼례 날을 상상하며 베틀의 북에 단단하게 실을 감아간다.

(누에가 긴 실로 연결되면서 호리존트에는 무채색 꽃이 피어난다)

서로 엇갈리면서 돌려주는 팔 동작은 마치 기계가 맞물려 돌아가는 것처럼 보인다. 동작할 때 실은 2조로 나뉘어 돌림노래를 하듯이 1조가 먼저 팔을 들어 돌려주면(뒤에서 앞으로), 2조가 같은 동작으로 뒤따라 하면서 반복한다.

[26] 실과 한마음이 되어가는 순이

실 : 긴 실로 엮어진 무용수들은 자리에서 일어나 서로의 손을 잡고 달팽이 모양으로 단단하게 실타래(물레가 된 순이)에 감겨 들어간다[27].

손과 손을 잡은 무용수들은 서로 몸이 맞닿도록 간격을 좁혀 둥글게 모여 앉는다[28].

순이 : 실의 무리가 순이를 향해 감겨들어 올 때, 순이는 그 무리에서 빠져나와[29] 상수 앞쪽으로 옮겨간다. 그리고 감겨진 실을 멀리서 바라본다.

4. 순이(베틀)와 천의 춤

음악은 굿거리에서 휘모리장단으로 넘어간다. 혼수품을 마련하는 순이의 몸놀림이 바쁘게 움직인다. 천이 되어 춤추는 무리들의 움직임도 덩달아 바빠진다. 짙은 파란색(Dark Blue)[30]과 옅은 파란색(Steel Blue)[31] 조명으로 입체감을 주고, 양옆은 옅은 보라색[32] 빛을 준다.

순이 : 순이는 베틀이 되어 춤춘다(하수 앞).

베틀의 북에는 천을 짜기에 충분한 실이 감겨 있고 그 북은 순이의 양손으로 힘차게 옮겨 다닌다[33].

오른손에서 왼손으로, 왼손에서 오른손으로 바쁘게 움직인다.

천이 짜여지기 시작한다[34].

[27–29] 순이에게 감기는 실

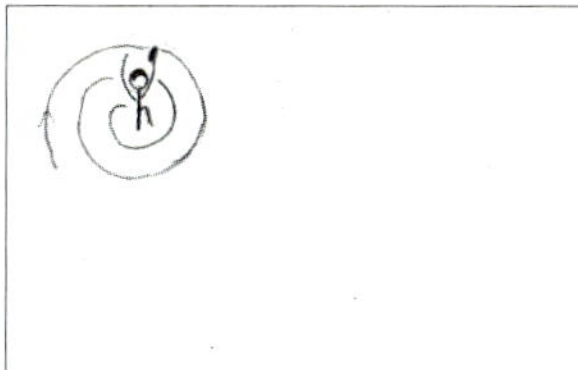

순이는 베틀의 북에 실을 감아간다[27]. 일직선의 긴 실로 이어진 무용수들은 서로 손을 잡은 채 일어나 순이를 향해 달팽이 모양으로 감겨 들어간다. 순이가 상수 앞으로 빠져나갈 때 실은 더욱 단단하게 감겨 들어오며 바닥에 내려앉는다.

[30] 어두운 청색(조명 119번)

[31] 엷은 청색(조명 117번)

[32] 보라색(조명 137번, 더운색과 찬색을 모두 조화시킴)

[33–34] 순이는 상수 앞에서 90도 각도로 앞뒤 양옆 사방으로 돌면서 북을 양손으로 옮겨가며 베틀에서 천을 짜듯 동작한다.

천 : (순이가 베틀의 북을 열심히 움직일 때)

달팽이 모양으로 실패에 감겨 있던 실은 올이 되기 시작한다[35-36].

한 사람이 몸을 일으켜 세우며 허리를 뒤로 넘기면, 그 몸이 뒷사람의 등에 맞닿는다[37].

등과 등이 서로 마주치는 순간, 다음 사람이 동일한 동작으로 몸을 일으키며 뒤로 넘어간다. 이때 앞사람은 몸을 숙여 엎드린다.

이 동작을 반복하는 무용수들은 올과 올이 서로 엮이는 모양으로 서서히 춤추기 시작하여 점차적으로 빠르게 움직여간다.

(올과 올의 춤은 느린 가야금 연주로 시작하여 장구의 빠른 휘모리장단으로 몰아간다)

[35-36] 천을 짜기 시작하는 순이

순이는 양손으로 베틀의 북을 받쳐 들고 가슴에서 아래로 밀었다가 다시 끌어오며 천을 짜 나간다. 휘모리장단에 맞춰 무릎 굴신과 좌우세를 하며 힘차고 신나게 동작한다. 순이가 베틀의 북을 오른손과 왼손으로 번갈아 옮겨 쥐면서 천을 짜기 시작하면, 실은 한 사람 한 사람 올이 되어 얽혀간다.

[37] 올과 올이 엮이는 동작

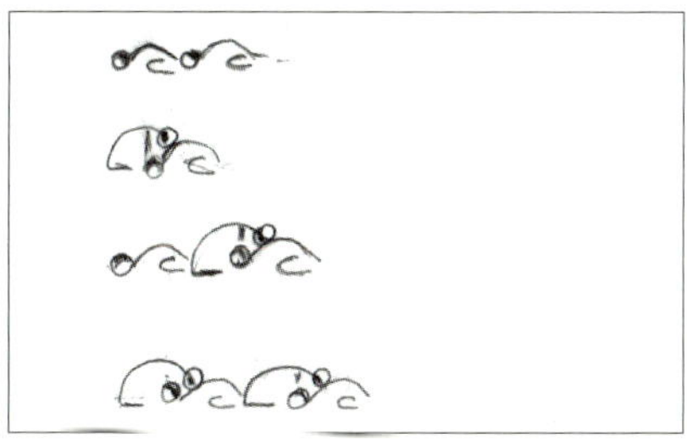

달팽이 모양의 중심에 있는 무용수부터 상체를 (등부터 천천히 끌어 올리며) 들고 일어나 몸이 뒤로 넘어가면, 뒷사람의 등에 몸을 기대게 되어 두 사람이 등과 등을 마주 대게 된다. 이때 엎드려 있던 사람이 등을 밀어 올리면서 상체를 들어주면, 등에 기대어 있던 사람은 몸을 일으켜 세우며 다시 엎드린 자세로 되돌아간다. 같은 동작이 연속적으로 이어지도록 하여 한 올 한 올 엮이는 것으로 표현한다. 음악이 빨라지기 시작하면 팔 동작을 붙여준다. 몸을 뒤로 젖히고 앞으로 엎드리는 동작을 할 때 오른팔을 높이 들어 원을 그리며 앞으로 내려준다(몸도 함께 숙여준다).

순이 : 순이가 베틀의 북을 오른손 왼손으로 느리게 옮겨 쥐다가 빠르게 오가면 올과 올은 씨줄과 날줄로 엮인다[38].

무용수들은 무릎을 바닥에 대고 굽히고 피면서 사방으로 방향을 바꾸어가며 움직인다(하수 쪽으로). 방향을 바꿀 때는 90도, 180도, 270도로 각을 지어 돌면서 불규칙하게 변화를 준다.

천 : 씨줄과 날줄이 된 무용수들은 수직과 수평의 규칙적인 동작을 반복하며 두 사람씩 짝을 지어 펴져 나간다.

씨줄날줄이 탄탄하게 엮여 있다(하수 뒤).

그들의 시선은 순이를 따라간다.

순이 : (씨줄날줄이 둘씩 짝지어 모두 펴져 나가 반대편 하수 쪽에 모이면)

순이는 잔걸음으로 씨줄과 날줄 사이를 오가며 무리들과 대무하면서 옮겨간다[39].

씨줄날줄은 순이에 의해 천 조각이 되어간다.

그리고 순이는 그 조각들을 붙여 나간다(상수에서 하수 쪽으로)[40].

천 : 무용수들이 두 사람씩 일어나[41] 순이를 따라가며 다이아몬드 모양의 반쪽을 만들면[42], 또 다른 두 사람이 뒤따라와[43] 반쪽을 덧붙여[44] 천 조각으로 만들어간다[45-50].

한 조각에서 두 조각으로, 두 조각에서 세 조각으로 이어진다.

[38] 씨줄날줄의 동작 형태는 수직과 수평 동작으로 표현한다.

[39–51] 씨줄날줄로 엮이는 무리들

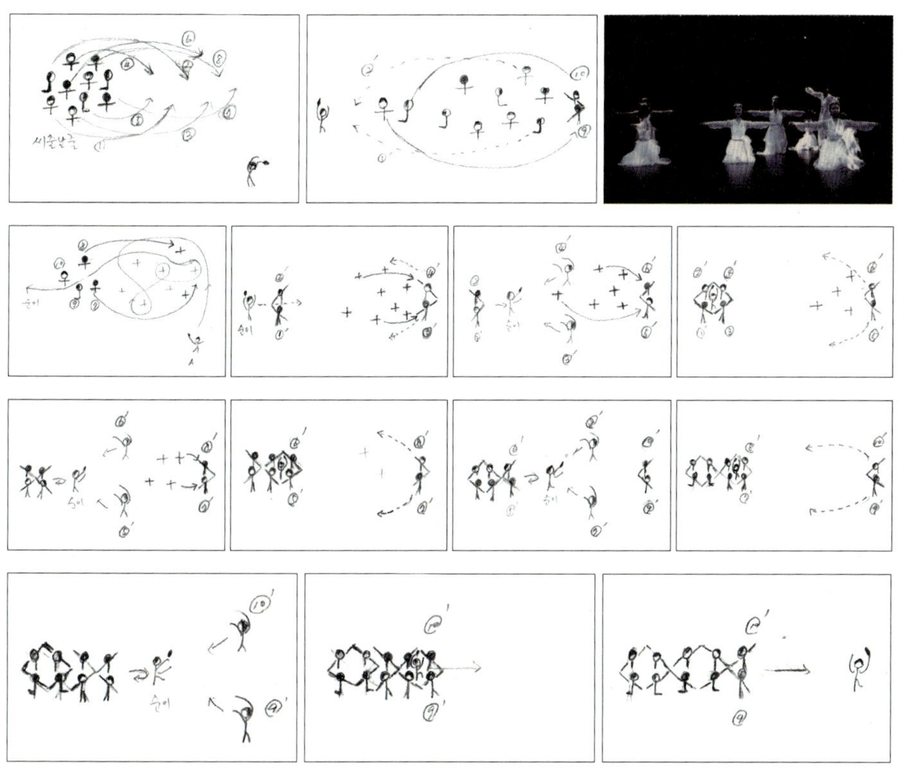

씨줄날줄 동작은 양팔을 어깨 높이까지 들어 올리고 무릎을 바닥에 댄 채 방향과 높낮이를 서로 다르게 앉는다. 방향을 바꿔줄 때는 90도와 180도로 빠르게 회전하면서 몸 방향을 사방으로 바꾸어준다. 무릎을 바닥에 대고 몸을 세울 때에는 양팔을 수평으로 펴고, 무릎을 굽혀 몸자세를 낮추고 앉을 때는 팔을 내려 앞뒤로 감아주면서 서로 수평과 수직의 연속 동작으로 씨줄날줄로 엮이도록 한다[39]. 두 사람씩 일어나 앞뒤로 갈라지며 하수에서 상수 쪽으

순이 : 순이는 천 조각을 이어 붙이며 이동한다(상수 쪽으로).
무대 앞뒤를 바쁘게 오고 간다.
뿌듯한 마음에 순이의 얼굴에는 화색이 돈다.

천 : 천 조각조각이 드디어 하나로 이어진다[51].
네 사람이 만든 천 조각들끼리 서로 마주한다.
무용수들은 무릎을 바닥에 대고 앉은 자세에서 몸 방향을 좌우로 바꾸며 양쪽 사람들과 서로를 쳐다보며 춤춘다.
그리고 양팔을 들고 물결치듯 아래위로 흔들면서 서서히 일어난다.

로 이동하여 앉는다. ①②, ③④, ⑤⑥, ⑦⑧, ⑨⑩의 순서로 이동하며 무대에 넓게 퍼져 앉는다[40]. 무용수 ⑨⑩이 상수에서[41] 천 조각을 만들어갈 때 순이는 반대쪽(하수)으로 옮겨간다. 순이가 옮겨갈 때 ①' ②'가 뒤따라온다[42]. 차례로 2명씩 하수로 이동하여 같은 동작으로 180도 360도씩 방향을 바꾸며 천 조각을 이어간다. 무용수 ⑦⑧이 상수 쪽으로 갈 때 순이는 씨줄과 날줄 사이를 오가며 무용수들과 대무하기 시작한다[41]. 순이를 뒤따라온 무용수 ①' ②'는 천 조각이 되어 춤춘다[42].

순이가 무용수 ①' ②' 사이로 밀고 나간 다음, ③' ④'를 이끌고 다시 ①' ②' 로 되돌아와 ①' ②' ③' ④'의 4명으로 구성된 천 조각으로 이어 붙인다[43]. 무용수 ①' ②' ③' ④'의 4명이 다이아몬드 형태의 천으로 짜여진다[44].

무용수 ①' ②' ③' ④'로 만들어진 천 조각 사이에 있던 순이는 밀치고 나와 ⑤' ⑥'를 이끌고 되돌아온다[45]. 그다음 순이는 무용수 ⑤' ⑥'를 ①' ②' ③' ④'로 만들어진 천 조각에 이어 붙인다[46].

순이는 무용수 ⑦' ⑧'를 이끌고 되돌아온다. 순이가 ⑤' ⑥'를 밀치고 나갈 때 천으로 짜여진 ①'–④'는 무릎을 꿇고 바닥에 앉아 높낮이의 변화를 준다[47]. 무용수 ⑦' ⑧'를 ⑤' ⑥'에 이어 붙여 ⑤' ⑥' ⑦' ⑧'의 천으로 짜인다. ⑤' ⑥' ⑦' ⑧'는 ①' ②' ③' ④'의 천 조각에 이어 붙여 두 조각의 천으로 이어진다[48].

순이는 무용수 ⑨' ⑩'를 이끌고 되돌아온 다음[49] 무용수 ⑨' ⑩'를 마지막으로 이어 붙인다. 순이가 ⑨' ⑩'를 밀치고 나갈 때 두 번째 천 조각은 바닥에 앉는다. ①' ②' ③' ④', ⑤' ⑥' ⑦' ⑧', ⑨' ⑩'의 천 조각이 이어진다[50]. 천 조각을 완성시킨 순이는 상수 쪽으로 이동한다. 이때 무용수 ⑨' ⑩'도 바닥에 앉는다[51].

순이 : 순이가 무대 앞을 지나 하수 쪽으로[52] 가면 무리들은 순이를 따라 함께 돌아 간다.

순이는 자신을 따라와 마주하고 있는 무리들을 바라보며 베틀의 북을 머리 위로 들어 올리고 돌리면서 무대를 옮겨 다닌다.

그림[41–51]까지 무용수 10명이 ①에서 ⑦의 순서로 다이아몬드 형태의 천 조각이 되어가는 과정

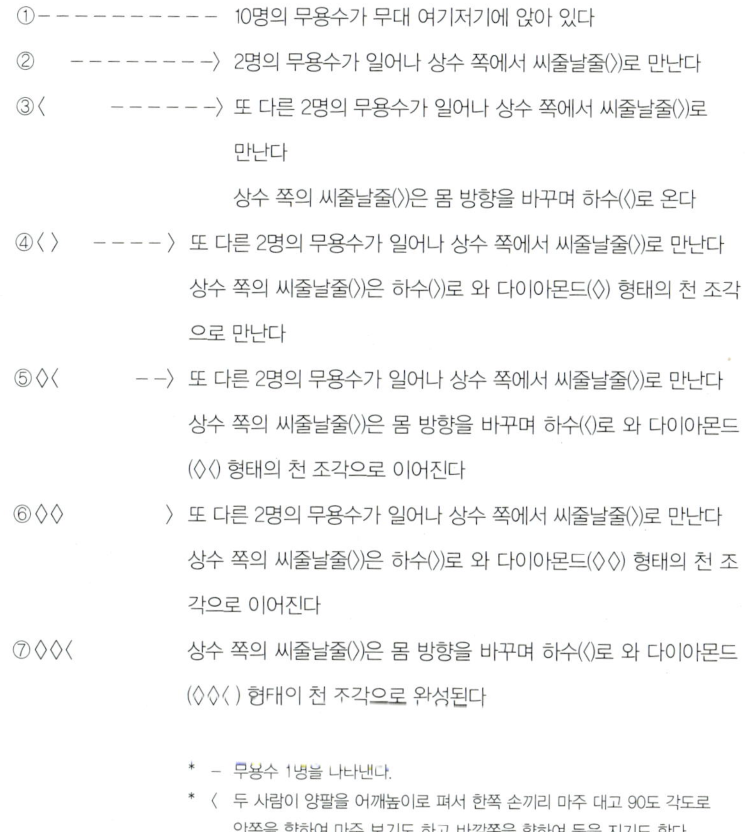
①– – – – – – – – – – – 10명의 무용수가 무대 여기저기에 앉아 있다

② – – – – – – – – –〉 2명의 무용수가 일어나 상수 쪽에서 씨줄날줄(〉)로 만난다

③〈 – – – – – – –〉 또 다른 2명의 무용수가 일어나 상수 쪽에서 씨줄날줄(〉)로 만난다
상수 쪽의 씨줄날줄(〉)은 몸 방향을 바꾸며 하수(〈)로 온다

④〈 〉 – – – – –〉 또 다른 2명의 무용수가 일어나 상수 쪽에서 씨줄날줄(〉)로 만난다
상수 쪽의 씨줄날줄(〉)은 하수(〉)로 와 다이아몬드(◊) 형태의 천 조각으로 만난다

⑤◊〈 – –〉 또 다른 2명의 무용수가 일어나 상수 쪽에서 씨줄날줄(〉)로 만난다
상수 쪽의 씨줄날줄(〉)은 몸 방향을 바꾸며 하수(〈)로 와 다이아몬드(◊〈) 형태의 천 조각으로 이어진다

⑥◊◊ 〉 또 다른 2명의 무용수가 일어나 상수 쪽에서 씨줄날줄(〉)로 만난다
상수 쪽의 씨줄날줄(〉)은 하수(〉)로 와 다이아몬드(◊◊) 형태의 천 조각으로 이어진다

⑦◊◊〈 상수 쪽의 씨줄날줄(〉)은 몸 방향을 바꾸며 하수(〈)로 와 다이아몬드(◊◊〈) 형태의 천 조각으로 완성된다

* – 무용수 1명을 나타낸다.
* 〈 두 사람이 양팔을 어깨높이로 펴서 한쪽 손끼리 마주 대고 90도 각도로 안쪽을 향하여 마주 보기도 하고 바깥쪽을 향하여 등을 지기도 한다.

[52] 무리들은 상수 중간 막 지점에서 무대 앞을 지나 하수 중간 막 쪽으로 반원을 그리며 180도 돌아간다.

천 : (순이가 사방으로 이동할 때)

천 조각의 무용수들은 간격을 좁히며 모여들었다가 퍼지는 동작을 반복하면서 순이를 따라 돌아간다[53-54]. 그 모습은 아코디언이 오므려졌다 펴졌다 하는 모양의 움직임이다.

순이 : 천 조각의 무리들이 한 바퀴를 돌아오면(시계 도는 방향) 순이는 그 천 사이를 가르며[55] 달려가고, 무용수들은 그 뒤를 따라 나간다.

천 : 두 사람씩 짝을 지어 길게 늘어선 무용수들은 잔걸음으로 순이를 감싸고 모여들었다가[56-57] 퍼지기를[58] 반복한다(하수에서 상수 쪽으로).

순이 : 밝은 표정의 순이는 자신의 뒤를 따르는 천 조각의 무리를 이끌고 다가올 행복한 혼례 날을 상상하며 퇴장한다[59].

(천 조각의 군무가 퇴장할 때 호리존트의 무채색 꽃은 서서히 사라진다)[60]

[53-54] 천 조각과 순이의 춤

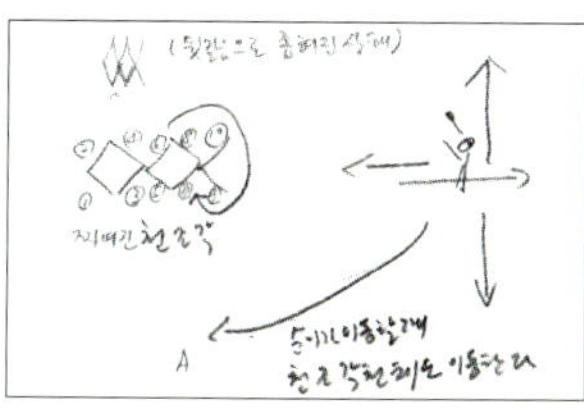

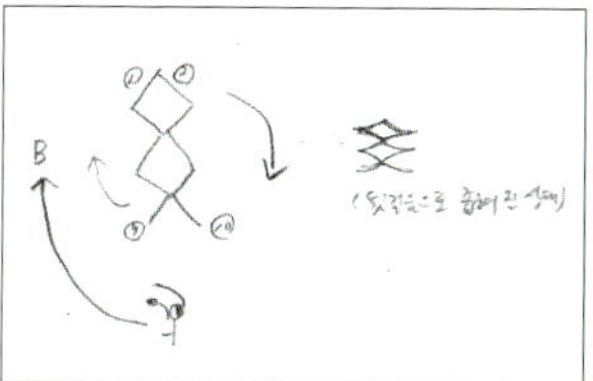

무용수들은 순이의 지시에 따라 간격을 좁혔다가 빠르게 90도 회전(시계방향)하면서 다이아몬드 형태로 다시 되돌아가 아코디언이 펴졌다 오므라졌다 하는 느낌의 동작이 되도록 한다. 순이가 잔걸음으로 A지점으로 이동할 때, 천 조각은 뒷걸음으로 간격을 좁혀주었다가[53] A 방향으로 방향을 바꾸며 다시 퍼져 B의 형태로 순이를 따라 이동한다[54]. 다이아몬드 형태의 천 조각은 그 형태를 그대로 유지하며 순이를 따라 90도씩 네 번 돌아 제자리로[54] 돌아온다. 순이가 A지점에서 B지점으로 이동하면 천 조각의 무용수들도 순이를 따라간다[54]. 같은 동작을 두 번 반복하는 동안 그림[53]의 자리로 돌아간다.

천 조각(10명)의 무용수가 다이아몬드 형태를 유지하며 360도 회전하는 춤

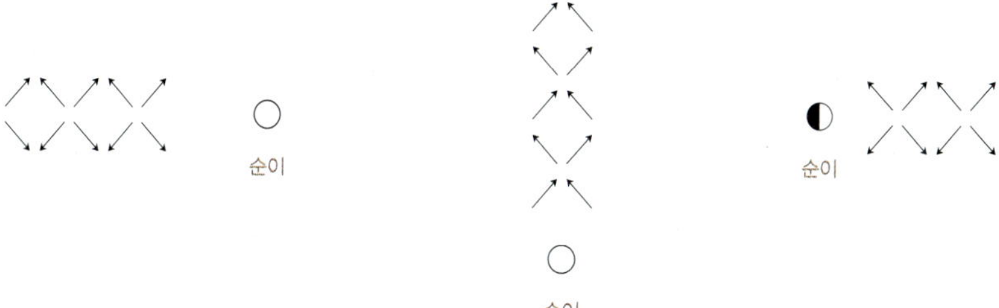

A [51]
무용수들은 화살표 방향의
바깥쪽을 본다

B [54]
A에서 뒤축을 들고 잔걸음으로
B로 간다

C [55]
B에서 뒤축을 들고 잔걸음으로
C로 간다

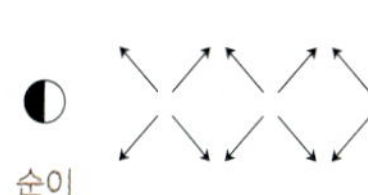

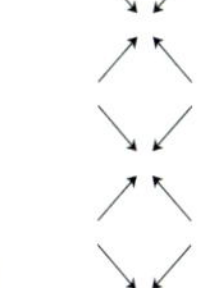

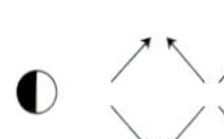

D [55]
무용수들은 제자리에서 앞뒤 걸음으로
간격을 좁혔다가 넓히면서 90도
이동하여 E로 간다(오므라졌다 퍼지면서).
순이는 제자리에서 앞뒤로 잔걸음 한다

E
(D에서 오른쪽으로 90도 돌아감)
무용수들은 제자리에서 앞뒤 걸음으로
간격을 좁혔다가 펴지면서 90도
이동하여 E로 간다(오므라졌다
펴지면서). 순이는 제자리에서 앞뒤로
잔걸음 한다

F
(E에서 오른쪽으로 90도 돌아감)
무용수들은 제자리에서 잔걸음 하며
다음 동작으로 이어진다

[55] 순이 뒤를 따르는 천 조각의 무리들

순이가 다이아몬드 형태(각 4명)의 천 조각을 반으로 갈라 나가면 천 조각의 무리들은 팔을 위로 뿌리며 뒤로 물러나면서 반으로 갈라진다. 두 사람씩 짝이 되어 ⑨⑩,⑦⑧,⑤⑥,③④,①②의 순서로 차례차례 한 바퀴를 빠르게 돌아서 앞뒤로 갈라지며 순이의 뒤를 따라간다.

순이 뒤에 따라온 천 조각의 구성

그림 [55]의 다이아몬드 형태의 천 조각을 반으로 가르고 앞으로 나가는 순이
천 조각의 무용수들은 화살표 방향으로 한 바퀴 돌아 순이 뒤를 따라 나간다.

순이가 앞으로 나가면 천 조각의 무용수들은 앞뒤 두 사람씩 차례로 한 바퀴씩 돌아 안쪽 팔을 어깨높이로 들어서 손을 서로 잡고 순이 뒤를 따라 나간다.
(2인 1조가 되어 늘어선 무용수들)

* 〉2인 1조가 되어 두 사람이 안쪽 팔을 어깨높이로 들어 서로 손을 잡은 형태(바깥쪽 손은 치마를 잡는다)

순이가 처음 가르기 전의 구성

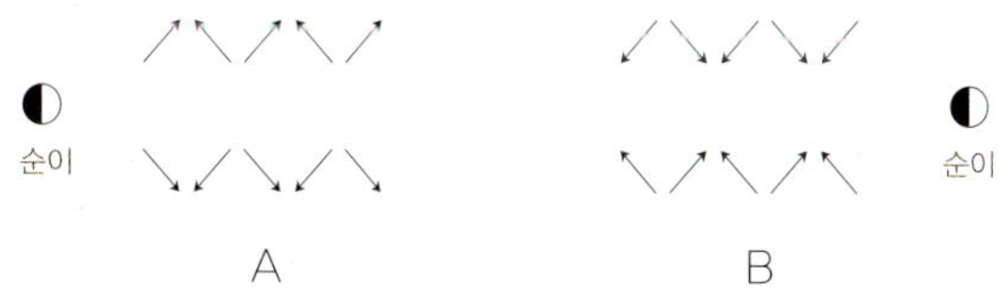

순이가 천 조각을 반으로 가르고 나갈 때(A)
무용수들은 방향을 바꿔 화살표 방향의 안쪽으로 본다(B)

[55-59] 천 조각의 무용수들이 순이를 감싸고 돌며 한마음으로 피어나는 동작

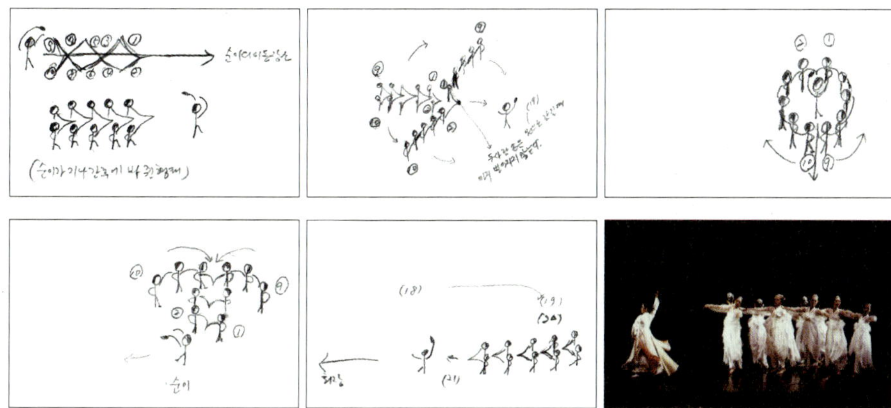

2인 1조(①②,③④…)가 되어 순이 뒤를 따르는 무용수들은 앞사람을 밀면서 잔걸음으로 순이를 향해 모여들기 시작한다. 뒤쪽에서부터 양쪽으로 벌어지면서 퍼져 나갈 때[56] 5명은 순이의 오른쪽으로, 또 다른 5명은 왼쪽 앞으로 달려 나오며 순이를 감싸고 돌았다가 ⑨⑩부터 다시 뒷걸음으로 퍼져 나간다[57]. (무용수들은 원으로 순이를 감싸 안았다가 다시 뒷걸음으로 물러나면서 좌우로 퍼져 원위치로 돌아간다)

무용수 ⑨⑩이 뒷걸음으로 제 위치로 되돌아갈 때, 중심에 있던 순이는 감싸고 들어오던 무용수들을 가르며 앞으로 밀고 나온다. 순이가 밀고 나오면 무용수들은 순이 뒤에 서게 되고[58], 순이가 하수 쪽으로 또다시 몸 방향을 바꿔 서면, 뒷걸음으로 물러나던 무용수들은 또다시 순이 뒤에 두 줄이 되어 순이를 따라 퇴장하게 된다[59].

[56–59] 천 조각들이 순이를 감싸고 퍼지며 풀어지면서 A B C D의 순서로 진행된다.

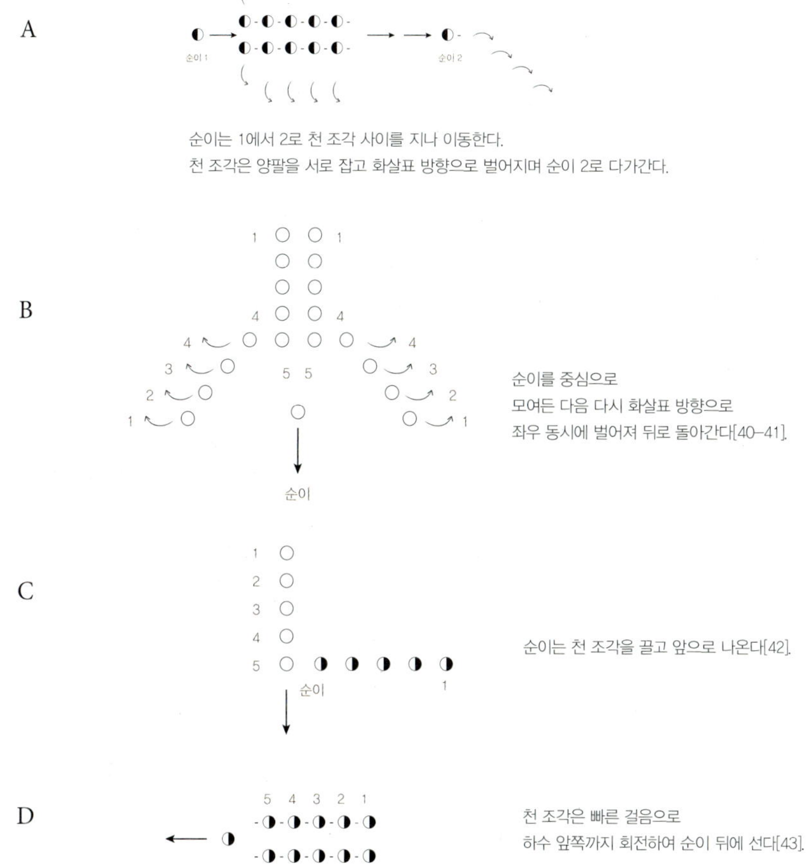

[60] EFFECT PROJECTER (RDS 2kW)

제2장

혼례

제2장 혼례

혼례 날

곱게 단장한 순이는

행복한 단꿈을 꾸며 신방을 꾸민다

앞으로 겪어야 할 고난을

예감하지 못한 채

단꿈의 기쁨도 잠시

순이에게 시련이 닥치고

순이의 새로운 삶의 터전은

타인들에 의해 변화되고 지배되어간다.

1. 혼례

순이의 혼례 날. 가야금과 양금으로 타령장단의 음악이 연주되고 신시사이저(synthesizer)의 배경음악이 흐른다. 커다란 '흰색 사각천[61]'으로 혼례를 상징한다. 흰색 천은 가마가 되고 신방이 되며 때로는 순이를 궁지에 몰아넣는 삶의 현장이 되기도 한다. 순이는 핑크색 활옷과 흰색 치마저고리에 연두색 긴 베일이 달려 있는 족두리를 쓴다[62]. 가마꾼은 검은색 옷에 검은색 망토를 걸치고 끈으로 이마를 장식한다. 한옥의 창살무늬가[63] 호리존트에 비춰진다.

제2장 혼례

[61] 가로 5미터, 세로 4.5미터의 흰색 사각천

[62] 순이의 저고리는 약간 길게 하고 치마는 두 겹으로 한다. 속치마는 통치마로 하고 겉치마는 겹으로 하여 폭을 자연스럽게 튼다. 겉치마의 겉은 베이지색, 속은 황금색과 주황색을 부분적으로 넣고 폭을 터서 흰색 의상에 단조로움을 피하도록 하며 동작할 때 황금색과 주황색이 보이도록 함

[63] 창살무늬를 조명으로 처리한다.

아낙 : 순이의 혼례 날이다.

잔치를 알리는 양금 소리[64]가 마을 전체에 울려 퍼진다.

흥겨운 장구 소리가 한층 더 흥을 돋운다.

무대는 화사한 불빛으로 혼례 준비에 한창이다.

동네 아낙들[65]이 등장하여 가마가 지나가는 길을 꾸민다(하수).

가마꾼 : 가마가 무대 안으로 들어온다[66].

가마꾼이 양손으로 흰색 천(가마를 상징)을 어깨에 둘러메고 끌고 나온다.

순이는 그 천 위에 앉아 있다.

가마꾼이 아낙들 사이를 지나가면 흰색 천 위에 다소곳이 앉아 있는 순이의 꽃다운 모습이 보인다[67]. 가마꾼은 흰색 천을 내려놓고 천천히 일어나 뒷걸음으로 물러나며 퇴장한다(상수)[68].

순이 : 순이는 두 손을 가지런히 모아 무릎 위에 올려놓고 수줍은 듯 시선을 아래로 떨군다.

순이가 타고 가는 흰색 천은 마치 신부의 긴 베일처럼 길게 늘어진 모습이다.

(가마꾼이 가마를 끌고 나올 때 호리존트에는 한옥 창살무늬를 슬라이드로 비춘다)

[64] 맑고 깨끗한 양금 소리가 조용하게 작은 소리로 들어와서 점점 커진다.

[65] 동네 아낙은 누에 의상을 그대로 입는다.

[66–67] 혼례 날

가마꾼이 가마로 상징된 흰색 천을 끌고 하수 중간 막 뒤에서 상수 중간 막 쪽으로 가마가 무대로 들어올 때 한옥의 창살무늬가 호리존트에 비춰진다.

[68] 가마꾼이 퇴장하면 순이와 동네 아낙 4명이 상수 쪽을 향하여 앉아 있다.

아낙 : (가마꾼이 퇴장할 때)

동네 아낙들은 자리에서 일어나 살며시 순이에게 다가간다.

그들은 순이가 앉아 있는 흰색 천의 네 귀퉁이를 잡고 공중으로 부드럽게 날리며 내려놓는다.

가지런히 펼쳐진 흰색 천은 순이의 신방이 된다[69].

아낙들은 순이를 부러운 눈빛으로 바라본다.

그리고 그들끼리 서로의 눈을 맞추고 소곤대며 종종걸음으로 퇴장한다.

순이 : (동네 아낙들이 퇴장하면)

순이는 살며시 자리에서 일어나 큰절을 하며 우아한 모습으로 혼례의 춤을 춘다.

큰절로 첫인사를 올리는 자태가 단아하다[70].

순이는 수줍은 듯 조심스럽게 사방을 돌며 한 마리 새처럼 춤을 춘다.

사뿐히 내딛는 걸음은 순이의 설레는 마음이다.

잠시 후 밤이 깊어지고 순이는 자신의 신방을 둘러본다.

혼례복을 소중하게 감싸 안으며 기대와 설렘으로 첫날밤을 맞이한다.

[69] 신방(흰색 천)에 앉아 있는 순이

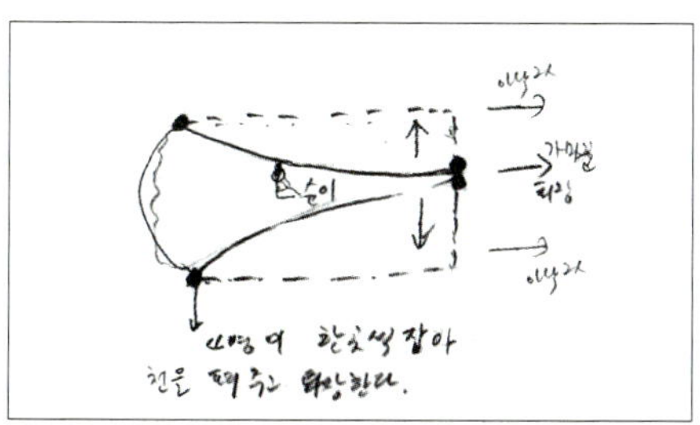

가마꾼은 가마를 놓고 퇴장한다. 동네 아낙 4명은 가마를 상징하는 흰 천을 무대 바닥에 가지런히 펴주고 상수 쪽으로 퇴장한다.

[70] 흰색 천 위에서 혼례춤을 추는 순이

순이는 4박자의 느린 타령장단의 혼례음악에 맞춰 양팔을 어깨높이로 활짝 펴서 들고 사방을 돌며 부드러운 호흡으로 너울너울 춤춘다.

2. 내훈

타령장단의 혼례음악이 계속 흐른다. 가슴 설레는 첫날밤, 순이에게는 시집살이의 엄격한 내훈이 전달된다. 검은 그림자가 엄습해온다. 신방은 따뜻한 느낌의 살구색 조명[71]으로 행복한 느낌에서 차츰 엄숙하고 긴장된 느낌으로 변화를 준다.

순이 : 기대와 설렘은 무너지고 무대에 홀로 남은 순이에게 쓸쓸함이 엿보인다.
(신랑이 등장하지 않는 다소 쓸쓸한 분위기)
시댁의 가문으로부터 순이에게 내훈이 전달된다.

귀 막고 3년
눈 감고 3년
입 막고 3년
들어도 못 들은 척
봐도 못 본 척
말하고 싶어도 말문을 닫아야 하는 고된 시집살이.

혼례의 음악이 흐르는 가운데 무거운 북소리가 멀리서 들려온다.
순이는 내훈을 받는다. 견뎌야 할 시집살이가 어떤 것인지 실감하지 못한 채, 두 손으로 귀를 막고 눈을 가리고 입을 막는다.

(내훈이 전달되면 호리존트의 창살무늬는 사라진다)

[71] 조명 147번(Apricot)

3. 타인의 지배

혼례음악은 점점 작아지고 북소리가 크게 들려오면서 타인의 무리가 등장한다. 순이의 삶을 지배하려는 타인의 춤은 남성 5인의 군무로 한다. 타인의 춤은 순이의 내훈 전달의식과 맞물리며 전개된다. 가마와 신방을 상징했던 넓은 흰색 천은 순이를 위협하는 소용돌이를 만들어낸다. 푸른빛[72]의 사이드 조명으로 인 아웃을 반복하여 무대에 긴장감을 더해준다. 타인은 검은색 옷 위에 반짝이는 소재의 얇은 천을 덧대어 입체감을 준다.

타인 : (순이의 내훈 의식이 시작될 때)

검은 그림자가 무대 상수 뒤쪽에 드리워진다[73].

시선은 순이에게 둔 채 뒷모습으로 서 있다.

타인들이 성큼성큼 다가온다.

팔장을 낀 채 다리를 번쩍번쩍 들면서 내딛는 그 모습이 위협적이다.

검은 그림자는 어느새 순이의 곁에 다가와 있다(상수에서 하수로).

뭔지 모를 스산한 분위기가 엄습해온다.

순이 : 내훈을 전달받은 순이.

긴장된 모습으로 신방에 앉아 있다.

암울한 분위기를 감지한 듯 깔고 앉아 있는 흰색 천을 자신도 모르게 움켜쥔다.

앞날이 걱정되는 듯 얼굴 표정이 굳어진다.

[72] 조명 137번, 147번, 117번

[73] 상수 뒤에서 무대로 등장하는 타인들

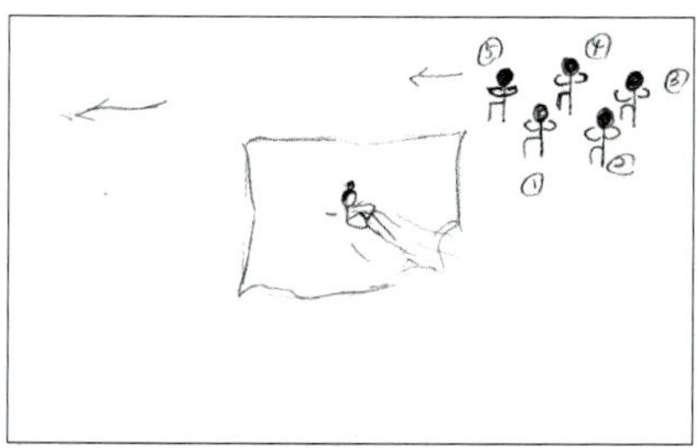

상수 뒤쪽에서 남성 무용수 5명이 뒷모습으로 들어온다. 순이는 타인들을 인식하지 못한 채 바닥에 놓인 흰색 천을 가슴에 품어 안는다. 타인들이 등장할 때 혼례음악은 점점 작아지고 북소리가 가까이 들려온다.

순이 : 순이의 신방으로 낯선 사람들이 다가온다.

성큼성큼 다가오는 타인들을 의식하지 못한 채 순이는 신방에 홀로 남겨져 있다[74].

타인 : 북소리가 힘차게 울린다.

타인들은 강한 눈빛으로 순이를 주시한다.

주먹을 불끈 쥔 채 거칠게 숨을 내몰아쉬며 몸통을 좌우로 틀면서 빠르게 회전한다(하수 뒤).

그리고 제자리에서 사방으로 활 쏘는 동작을 하면서 분위기를 압도해간다.

두 팀으로 나뉜 타인들은 밀고 밀리며 앞서거니 뒤서거니를 계속하며 전진한다[75].

타인의 무리는 어느새 순이 가까이에 와 있다(하수 앞).

순이는 타인의 실체를 아직 눈치채지 못한다.

타인들은 태극 동작으로 팔을 힘차게 휘돌리며 순이를 압박해간다[76].

순이 : 어느새 타인의 무리는 순이의 삶에 끼어든다.

순이의 귓가에 북소리가 들려오고 타인들은 위협적으로 밀고 들어온다.

그제야 순이는 자신 앞에 다가와 있는 타인의 무리를 인식한다.

순이는 순간 검은 그림자를 보고 화들짝 놀란다.

겁에 질려 웅크리고 있는 순이[77].

저항도 하지 못한 채 무기력해지는 자신의 모습을 바라본다.

[74] 순이를 주시하는 타인들

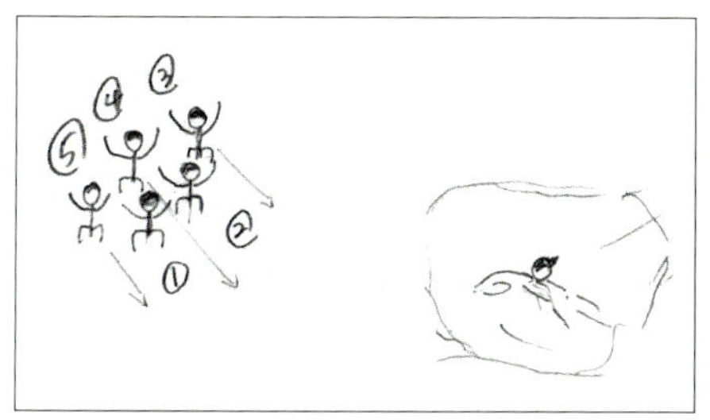

타인들은 주먹을 불끈 쥐고 팔꿈치를 굽혀서 어깨높이로 들고 멈추어 선다. 다리를 벌리고 무릎을 굽힌 자세로 몸통을 좌우로 비틀면서 왼쪽으로 돌고 오른쪽으로 돌며 빠르게 회전한다.

[75–77] 활 쏘는 동작으로 힘을 모아 가는 타인들

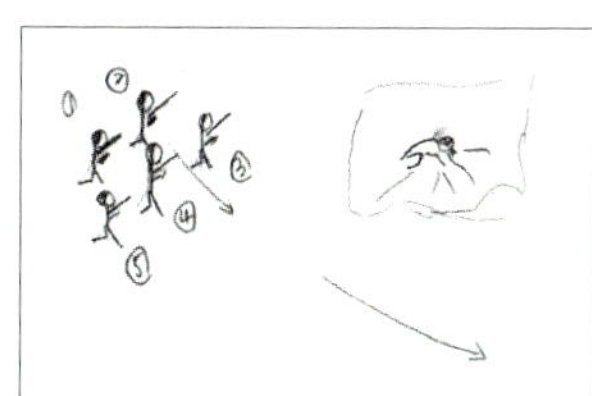

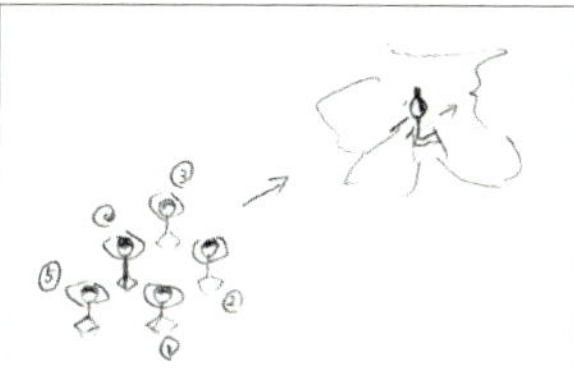

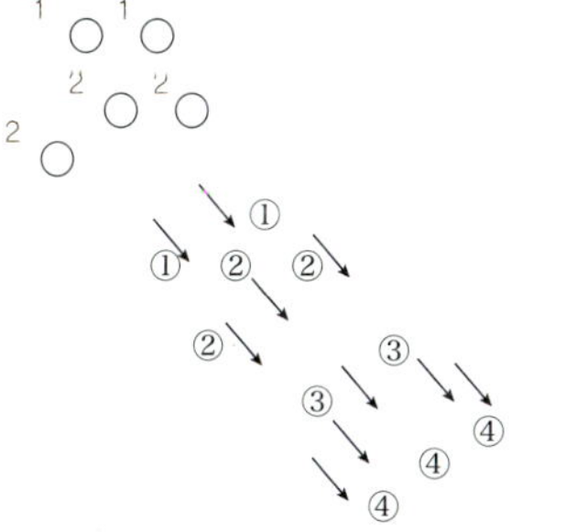

순이는
타인을 의식하며 놀란다

타인들 1번의 2명이 먼저 활을 쏘며 ①로 나가면 2번의 3명이 뒤따라 ②로 나간다.
1번의 2명이 또다시 활을 쏘며 ①에서 ③으로 나가면 2번의 3명이 뒤따라
④로 나간다. ①~④는 타인들의 진행 방향

불안한 마음에 무의식적이고 반사적인 몸짓(흰색 천을 움켜쥐며)으로 자신을 방어하려 한다.

그렇게 신방의 단꿈은 산산조각 난다.

타인들은 활 쏘는 동작으로 앞줄과 뒷줄이 교대로 전진한다[75]. 뒷줄에 있던 타인 3인이 먼저 (하수 뒤쪽에서 상수 앞쪽으로) 전진한다. 이때 타인 ①과 ②는 제자리에서 같은 동작을 반복한다. 앞뒤의 위치가 바뀐 후 타인 ①과 ②가 다시 활 쏘는 동작으로 전진하면 타인 ③, ④, ⑤는 제자리에서 같은 동작을 한다. 타인들은 대각선으로 전진하여 상수 앞까지 밀고 나온 후, 뒤로 돌아서 다시 중앙으로 활 쏘는 동작을 계속 반복한 다음, 또다시 하수 앞쪽으로 나온다. 순이는 타인들을 의식하기 시작한다. 타인들은 점프하며 힘을 과시한다[76]. 순이는 놀란다. 뒤로 주춤거리며 흰색 천을 가슴에 끌어안으면서 몸을 움츠린다[77].

활 쏘는 동작을 할 때는 두 팔을 사선 앞으로 들어 올리고 오른 팔꿈치를 뒤로 당겼다가 앞으로 힘 있게 뻗으며 활을 쏜다. 그다음 두 팔을 내리며 뒤로 밀었다가 또다시 사선 앞으로 끌어당기면서 활 쏘는 동작을 계속 반복한다.

타인 : 타인의 무리가 순이에게 잽싸게 달려들어 흰색 천을 낚아챈다[78].

달려드는 모습이 능글맞다.

흰색 사각천의 네 귀퉁이를 타인들이 팽팽하게 잡아당겨 긴장감을 준다[79].

천 위에 앉아 있던 순이가 그 천 속에 파묻혀 보이지 않는다.

순이 : 흰색 천에 파묻혀 있는 순이는 겁에 질려 몸을 낮추어 웅크린다.

타인들이 큰 숨으로 공중을 날며 거칠어져간다.

천을 잡아채고 휘두르며 빙글빙글 돌아간다[80].

음흉하고 능청스러운 모습이다.

천 속에 휘감겨 몸부림치는 순이의 모습이 간간이 드러난다.

환란이 계속된다.

혼례복과 족두리 그리고 버선이 벗겨진 채 순이는 천 속에서 공중으로 뿌리쳐지고 날려진다.

순이는 자신의 소중한 것을 빼앗기지 않으려는 듯 족두리를 부둥켜안는다.

강한 긴장으로 타인들의 지배를 거부한다.

타인 : 타인의 무리는 점점 더 난폭해진다.

타인 2명이 순이를 사방으로 질질 끌고 다니며 날뛴다[81].

또 다른 2명이 그 뒤를 따라간다.

하수 뒤의 한 사람은 이들을 조정하고 지휘한다.

뒤따라가던 타인 2명이 높게 뛰어오르면서 대각선으로 달려간다[82].

[78] 타인들이 천을 잡아챌 때 음악이 빠른 4박자의 전자음악으로 바뀐다.

[79–86] 흰색 천을 공중으로 휘두르며 위협하는 타인들

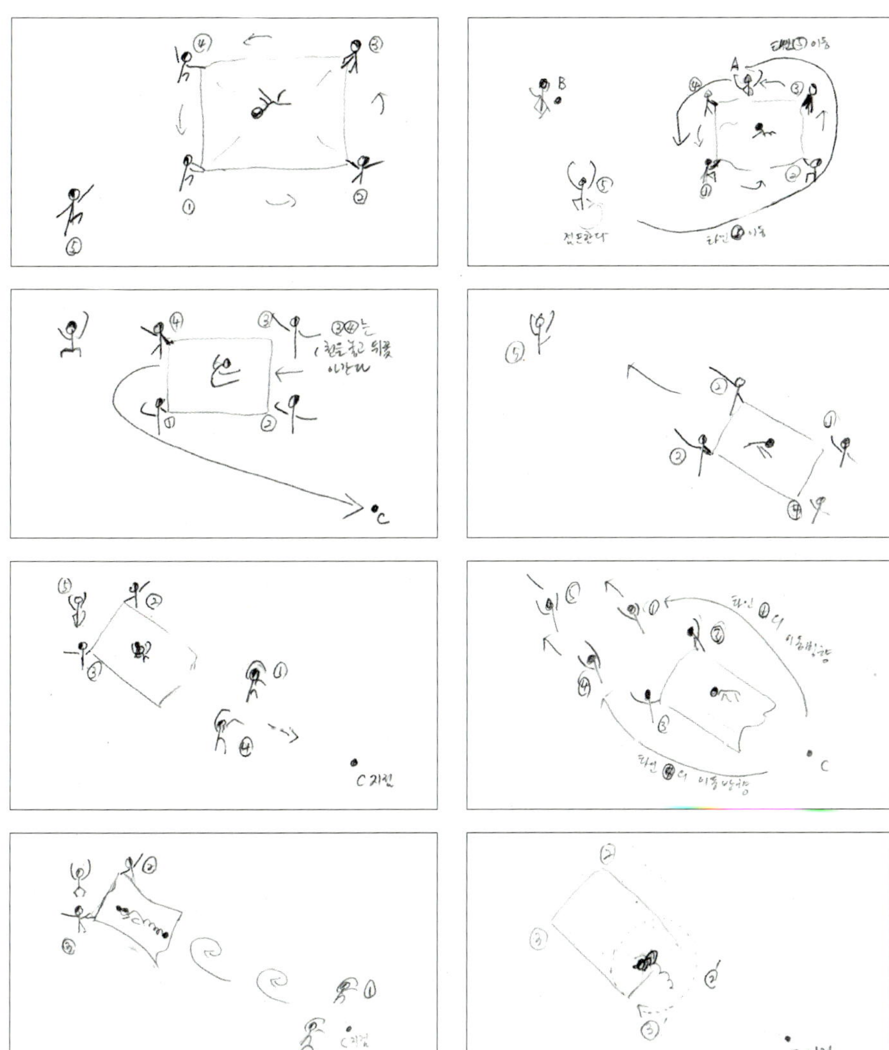

거듭 순이를 향해 날뛰며 방향을 지시한다(하수 앞)[83].

2명의 타인은 흰색 사각천을 양쪽에서 팽팽하게 잡아당긴다.

그리고 앞으로 빠르게 질주한다.

양쪽에서 잡고 있는 천을 높이 날리며 공중회전 시킨다.

나선 모양의 회오리바람을 일으키며 돌진한다(하수 앞)[84].

흰색 천의 공중 돌리기로 무대에는 두 번의 소용돌이가 생긴다.

순이 : (소용돌이가 만들어질 때)

소용돌이 속에서 순이는 겁에 질린 채 안절부절못한다.

천 위에 앉아 있던 순이는 그 소용돌이와 함께 휘몰아친다.

순이는 그 흰색 천을 타고 넘는다.

소용돌이와 함께 굴러가고 또 굴러간다[85].

신방을 지키려 안간힘을 쓴다.

그러나 순이는 흰색 천에서 굴러떨어지고 만다.

순이는 흰색 천을 바라본다.

포기하지 않는다.

신방을 지키려는 의지가 강하게 드러난다.

흰색 천 위로 올라가기를 계속 시도하지만 손이 닿질 않는다.

타인 : 소용돌이를 만들며[86] 순이를 내몰던 타인들은 흰색 천과 혼례복을 모두 빼앗아 퇴장한다(하수 뒤로)[87].

앞의 그림 [79–80] 타인 4명은 순이에게 달려든다. 순이가 앉아 있는 천을 잡아채자[79] 순이는 놀라 넘어진다. 타인들은 천을 공중으로 날리며 빠르게 돌아간다[80]. 타인 ①②③④가 천을 잡고 돌아갈 때 타인 ⑤는 제자리에서 점프한 후 A지점으로 이동한다.

[81–82] 타인 ⑤가 천을 한 바퀴 돌아 B지점으로 달려간다[81]. 이때 타인 ①②③④는 천을 잡고 빙글빙글 회전하면서 무대 중앙으로 순이를 끌고 이동한다[81]. 타인 ①④는 순이를 계속 끌고 가고, 타인 ②③은 천을 놓고 뒤쫓아간다[82]. 타인들이 천을 끌고 C지점까지 왔을 때 뒤쫓아온 타인 ②③이 천을 잡고 B지점을 향해 달려간다. 타인 ①④는 천을 놓고 뒤쫓아간다.

[83–84] 타인 ②③이 하수 뒤까지 순이를 끌고 갔을 때 뒤쫓아오던 타인 ①④가 C지점을 향해 점프하면서 이동한다[83]. 이때 타인 ②③은 천을 공중으로 회전시킬 준비를 한다[83]. 타인 ①④는 C지점까지 점프하면서 이동했다가 타인 ⑤가 있는 곳으로 달려가 함께 퇴장한다[84].

[85–86] 타인 ①④가 점프하면서 이동할 때 타인 ②③은 천을 공중으로 회전시키며 C지점을 향해 이동한다[85]. 타인 ②③이 천을 공중회전 시켜 ②' ③'의 위치로 간다. 순이는 타인들이 천을 공중으로 회전시킬 때 생기는 공간 속에서 같은 방향으로 동시에 굴러준다(2회 반복). 천이 공중에서 원형의 형태를 유지하면서 소용돌이치며 돌아갈 수 있도록 천 끝에 엎드려 있다가 빠른 속도로 바닥으로 굴러 ②' ③' 천 위로 다시 굴러 올라간다[86].

[87] 타인들은 소용돌이로 몰아넣은 순이를 질질 끌고 간다.

(퇴장할 때 호리존트의 창살무늬가 서서히 사라진다)

순이 : 삶의 소용돌이 속에 휘말린 순이의 신방은 무참히 짓밟힌다.

순이는 족두리를 움켜쥔 채 바닥에 굴러떨어져 있다(상수 앞)[88].

넋을 잃고 멍하니 허공을 바라본다.

이렇게 순이는 자신의 의지와는 다르게 힘든 시련을 계속 겪는다.

그러나 이것이 끝이 아닌 듯 또 다른 고난이 순이의 곁으로 다가온다.

[88] 순이가 앉아 있던 사각 천과 혼례복, 버선 등을 빼앗아 퇴장하고 순이는 족두리를 손에 쥔 채 바닥에 굴러떨어진다.

제3장

바늘방

제3장 바늘방

사방에서 바늘이 밀려온다.

순이를 위협하는 뾰족한 바늘

무대가 온통 바늘밭이다.

피하려 하면 할수록 바늘은 더욱더 순이를 조여오고

결국 밀려오는 바늘 끝에 꽂히고 만다.

바늘방석, 그곳은 싸늘한 바늘방이다.

그러나

순이는 모진 고통을 인내로 이겨낸다.

1. 바늘춤

무거운 분위기의 배경음악과 함께 북소리가 서서히 들려온다. 리드미컬한 사물연주가 긴장을 더해간다. 순이는 타인들에게 혼례복을 빼앗긴 채 무대에 쓰러져 있다. 타인들은 바늘이 되어 춤춘다. 손끝[89]과 발끝[90]의 뾰족함으로 바늘의 속성을 표현하고, 순이의 시련과 시집살이는 바늘의 이미지로 상징한다. 바늘이 허공 여기저기에 떠 있는 것처럼 보이도록 손끝과 발끝을 흰색으로 분장하고 사이드 조명으로 처리한다. 이때 검정색 의상을 입은 무용수들은 거의 보이지 않고 손끝과 발끝만 보인다.

제3장 바늘방

[89] 손끝을 이용한 바늘 동작

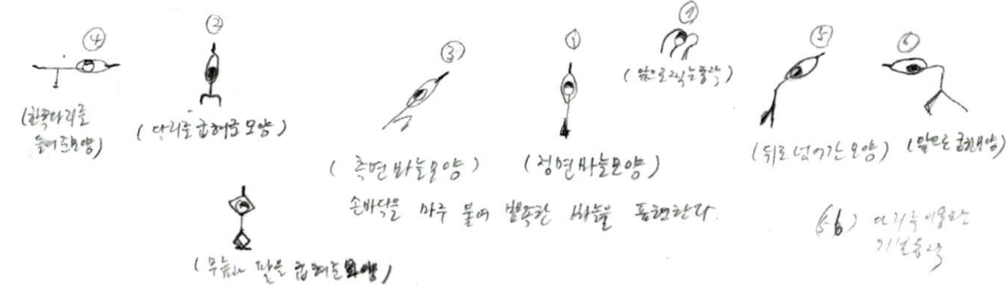

손끝의 뾰족함으로 바늘 끝을 표현한다. 양팔은 머리 위 일직선으로 펴고 양쪽 귀에 닿도록 두 팔을 펴준 다음, 손바닥을 마주 붙여 손끝을 뾰족하게 하여 날카로운 느낌이 들도록 한다. 몸동작의 변화에 따라 바늘의 느낌이 조금씩 다르게 느껴지도록 한다.

[90] 발끝을 이용한 바늘 동작

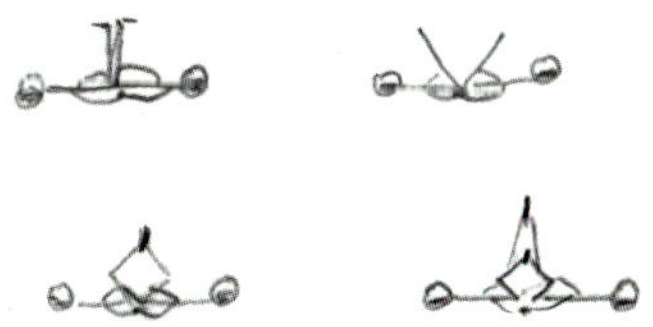

발끝의 뾰족함으로 바늘 끝을 표현한다. 똑바로 누운 자세에서 두 다리를 들어 올리고, 엉덩이와 다리를 위로 들어 올려 발끝을 똑바로 편다. 또는 발끝을 뾰족하게 펴거나 굽혀주면서 다양한 형태의 모양으로 날카로움을 표현하도록 한다.

순이 : 타인들에게 신혼의 단꿈을 빼앗긴 순이.

족두리를 움켜쥔 채 무대 앞(상수)에 힘없이 쓰러져 있다[91].

순간 어머니의 모습이 뇌리를 스친다.

순이는 어머니를 생각하며 기진맥진한 몸을 간신히 일으켜 세운다.

바늘 : 암울한 분위기가 감도는 가운데 묵직한 북소리[92]가 멀리서 들려온다.

바늘 하나가 불쑥 모습을 드러낸다[93].

손끝을 뾰족하게 세우고 느린 걸음으로 등장하다가 빠르게 순이를 스쳐간다 (하수 뒤에서 상수 뒤로).

순이 : 갑자기 나타난 바늘에 소스라치게 놀란 순이는 빠른 뒷걸음질로 피한다.

순이가 피하려 하면 할수록 더 많은 바늘들이 순이를 에워싸고 조여온다(상수 앞).

순이는 족두리를 더욱 세게 움켜쥔다.

이러한 몸짓에서 신방을 지키려는 순이의 굳은 의지가 느껴진다.

바늘 : 두리번거리는 순이에게 또 다른 바늘 하나가 쏜살같이 달려 들어와 찌른다(하수 중간에서 상수 뒤로).

잠시 후, 수없이 많은 바늘이 무대 뒤쪽에서 몰려온다(상하수에서).

순이 : 순이는 자신을 향해 몰려오는 바늘에 놀라 몸을 움츠리며 이리저리 쫓기다가

[91] 순이는 2장에서 혼례복을 빼앗긴 모습 그대로이다.

[92] 5박자의 북소리

[93] 무대로 등장하는 바늘의 무리들

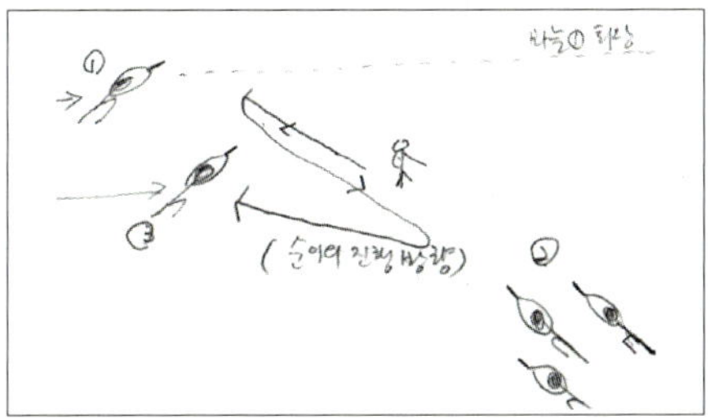

바늘 ①이 하수 뒤에서 등장한다. 순이는 바늘 ①에 밀려 뒷걸음질 친다. 그러나 바늘 ②의 무리가 상수 앞으로 또 밀려온다. 다시 뒷걸음으로 밀려간다. (바늘 ②는 대각선으로 밀고 달려가 퇴장) 바늘 ③이 또다시 순이를 위협하며(바늘 ③은 직선으로 달려가 퇴장) 하수 앞에서 상수 뒤로 달려간다. 순이는 다시 뒤로 밀려간다. 바늘은 한 걸음 크게 나가 몸 전체가 대각선이 되도록 숙여주면서 달려 나간다.

결국 무대 밖으로 도망친다(상수 앞)[94].

바늘 : 손끝을 머리 위로 치켜세우고 무대 뒤를 가득 메운 바늘들[95].

바늘 끝을 날카롭게 세운 무리들은 거센 힘으로 분위기를 압도해간다.

그리고 서로 엇갈려 지나가며[96] 무대를 장악한다.

잠시 후 상수 쪽에 뭉친다[97].

무리들은 사방으로 방향을 바꾸어가며[98] 뾰족한 손끝을 빠르게 흔들어 대며 번뜩인다.

모두 강한 눈빛으로 단단하게 힘을 모아간다.

바늘들의 표정은 점점 더 조여갈 기세이다.

[94] 무리 지어 등장하는 바늘과 순이

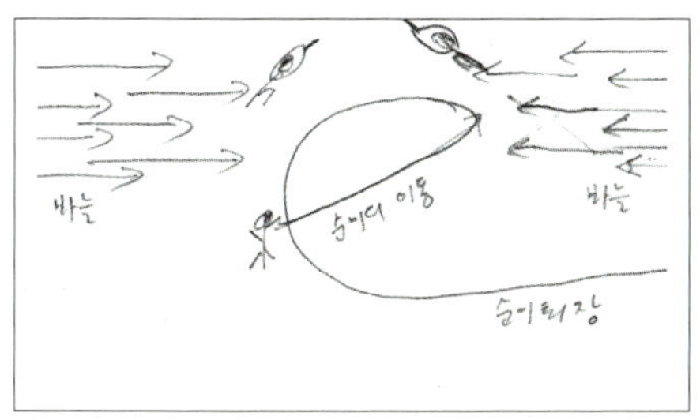

바늘 ③이 등장할 때 순이는 상수 쪽으로 피한다. 상하수에서 바늘이 무리 지어 밀려온다. 순이는 놀라 퇴장한다.

[95] 무대 뒤쪽에 늘어선 바늘의 무리들

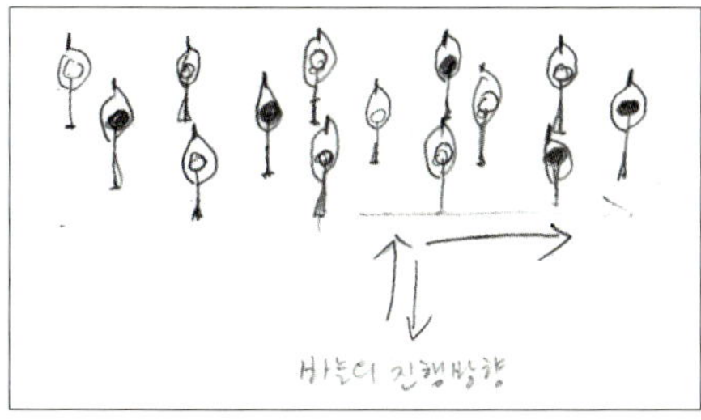

바늘은 상하수에서 밀고 들어와 무대 뒤쪽에 퍼져 선다.

[96–97] 바늘의 무리가 이동하는 동작

무대 뒤에 늘어선 바늘들은 서로 엇갈려 지나간 후, 앞으로 달려 나왔다가 다시 뒤로 가서 몸 방향을 왼쪽으로 틀어서 상수 쪽으로 달려간다.

무리들이 상수로 모일 때 전자음악이 배경음악으로 들어와 북소리를 받쳐준다.

[98] 사방으로 방향을 바꾸며 손끝을 흔들어주는 바늘의 무리들

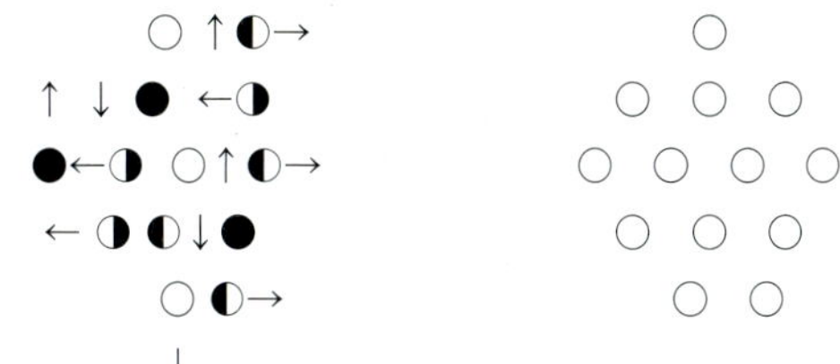

팔을 머리 위로 들어 손바닥을 붙이고 손끝을 위아래로 찌르듯이 작게 흔들며 90도 각도로 방향을 바꾸며 화살표 방향으로 스텝 한다.

사방으로 방향을 바꾼 후 정면을 보고 선다.

2. 바늘방

싸늘한 느낌의 북소리가 계속 이어진다. 바늘방 후반부에서는 신시사이저의 불협화음과 죽비(대나무로 된 악기) 치는 소리의 효과음으로 순이의 고된 시집살이가 절정에 이름을 암시한다. 뾰족하게 바늘 끝을 세우고 다가오던 바늘의 이미지가 점점 더 거세진다. 무리들은 바늘밭이 되고 바늘방이 되어가면서 긴장의 연속으로 이어진다.

바늘 : 날카롭게 세운 손끝을 흔들며 바늘의 무리가 너울거린다(상수)[99].

그러던 바늘의 무리가 갑작스럽게 치솟는다.

무리들은 공중으로 날카롭게 뛰어오르며 불규칙적으로 솟아오르기를 반복한다.

잠시 후 바늘들은 둘씩 짝을 지어 무리에서 떨어져 나오기 시작한다(무대 앞뒤로)[100].

차례차례 떨어져 나온 바늘들이 바늘밭을 원형으로 만들어간다.

둘은 넷이 되고 넷은 여섯이 되어 더 강한 힘으로 둥글게 모이며 점점 더 거세진다.

[99] 힘을 모아가는 바늘의 무리들

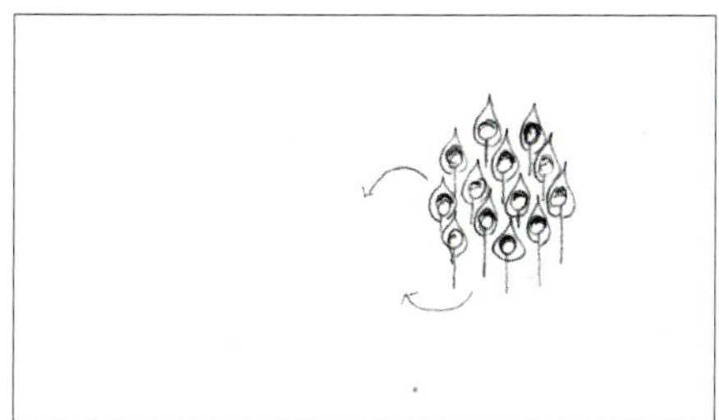

바늘은 상수 중간 지점에서 날카롭게 손끝을 세우고 곡선적인 동작으로 힘을 모아간다. 손바닥을 붙이고 손끝을 머리 위로 들어 올려서 팔을 굽힌 채 팔을 부드럽게 벌렸다 붙여주기를 반복하며 너울거린다. 바늘 끝의 날카로움이 더욱 강하게 느껴지도록 불규칙적으로 점프하면서 손끝을 머리 위로 곧게 찌르듯이 펴준다.

[100] 바늘밭을 만들어가는 무리들

무리들은 2명씩 떨어져 나와 앞뒤로 갈라지면서 큰 원으로 바늘밭을 만들어간다.

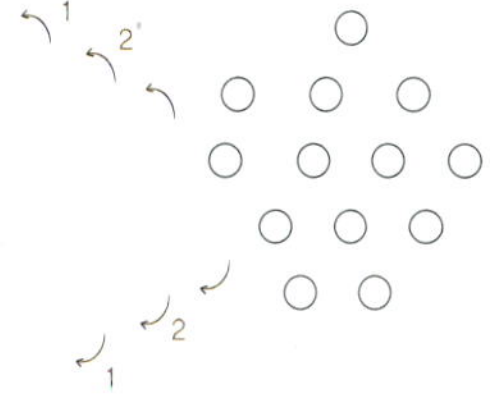

두 사람씩 화살표 방향으로 퍼지면서 원으로 바늘밭을 만든다.

순이 : (둘씩 짝을 지어 바늘밭을 만들기 시작할 때)

순이는 누군가에게 쫓기듯 하수 뒤에서 등장한다.

버선이 벗겨진 채 몸을 웅크리고 뒷걸음질로 주위를 살피며 조심스럽게 들어 온다[101].

뒷걸음질 치던 순이는 바늘의 무리와 부딪친다.

겁에 질린 듯 피하려 하지만 결국 바늘의 무리가 쳐놓은 덫에 걸려든다[102].

(2장 혼례에서 바늘의 무리들에게 쫓기는 두려운 느낌의 연장이다. 바늘의 무리들은 순이를 바늘밭 속으로 몰아넣는다)

바늘 : 순이를 바늘밭에 몰아세운 무리들의 모습은 더욱 사나워 보인다.

당장이라도 집어삼킬 듯 다리를 높이 들고 점프하며 능글맞은 표정으로 빙글 빙글 돌아간다.

그러더니 순이를 향해 크게 한 발 내딛으면서 돌진한다[103].

이때 바늘들은 날렵하게 상체를 뒤로 젖히며 대각선으로[104] 길게 내뻗는다.

그러고는 또다시 달려든다.

원추형[105]으로 바늘 끝을 세운 무리들의 모습이 섬짓하다.

순이 : 순이는 날카롭게 치솟은 바늘밭에 갇힌다.

털썩 주저앉은 순이의 모습이 보이지 않는다.

순이는 바늘밭에 둘러싸여 몸을 웅크린 채 고개를 젖히고 그들을 치켜 올려다

[101–102] 두 사람씩 갈라지는 무리들과 순이

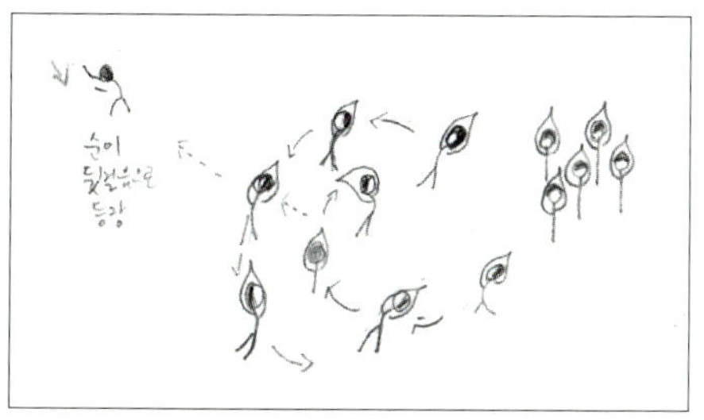

큰 원으로 바늘밭을 만들어갈때 한 사람은 앞으로(◡) 또 한 사람은 뒤로(◠) 퍼지면서 원을 그리기 시작한다. 같은 방법으로 두 사람씩 무리에서 떨어져 나오며 커다란 원으로 바늘밭을 만들어간다[101]. 양쪽으로 갈라지는 무용수들은 몸을 숙이며(90도 각도로) 두 팔을 앞으로 빠르게 내려 뻗은 다음(어깨높이까지), 큰 걸음으로 밀고 나오면서 앞으로 뻗었던 팔을 가슴으로 끌어당긴 후, 다시 머리 뒤 사선 쪽으로 뻗으며 스텝 한다. 바늘들은 앞으로 숙이고 뒤로 넘기는 몸동작을 반복하면서 원을 점차 크게 그리며 바늘방을 만들어간다.

[103–104] 순이를 위협하며 돌진하는 바늘의 무리들

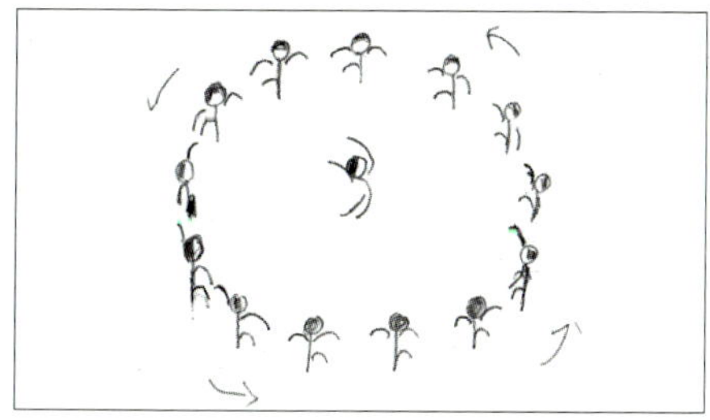

순이를 둘러싸고 있는 무리들은 오른쪽 다리를 옆으로 높이 들어 점프하며 원으로 돌아간다[103]. 점프할 때 어깨높이로 양팔을 들어 올리고 뒤에서 앞으로 돌려 감싸 안으며 뛴다. 같은 동작을 네 번 반복한 다음 양팔과 오른쪽 다리를 들어서 길게 뻗으며 달려든다[104]. 양팔

본다.

싸늘한 분위의 무리들이 순이를 삼키려 한다.

바늘 : 순이를 향해 달려드는 바늘의 무리들

양손 끝을 머리 위로 세우고 상체를 뒤로 젖히며[106] 빠르게 몸을 틀어 돌아서다가[107], 또다시 순이에게 덤벼든다.

순이를 점점 더 거세게 몰아세우는 무리들.

몸을 뒤로 넘기며 양팔을 강하게 앞으로 휘돌린다[108].

몸을 아래로 굽히면서 손끝으로 순이를 날카롭게 내리찍는다.

원추형 첨탑(尖塔)의 무리들이 겹겹이 쌓여 돌아가며 매몰차게 손끝으로 내리찍기를 반복한다.

순이 : 바늘의 위력 앞에 순이는 점점 더 작아진다.

바늘에 찔릴 때마다 몸을 구부리고 뒤틀고 젖히며 고통스러운 몸짓으로 반응한다.

때로는 강하게 때로는 힘없이 약하게.

은 날개를 펴듯이 뒤로 펴서 상체를 뒤로 넘겨 앞 사선으로 길게 뻗은 다리와 대각선이 되도록 한다.

[105–107] 원추형으로 조이며 순이에게 달려드는 무리들

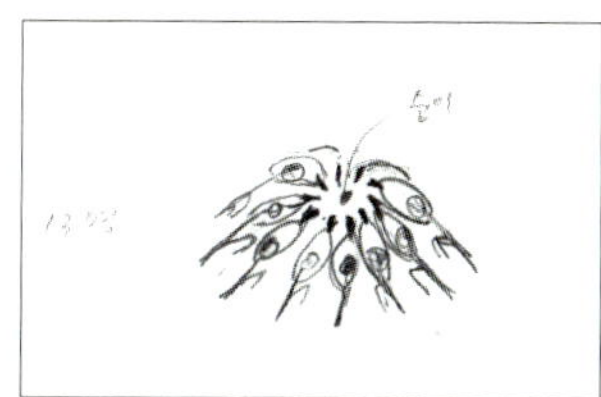

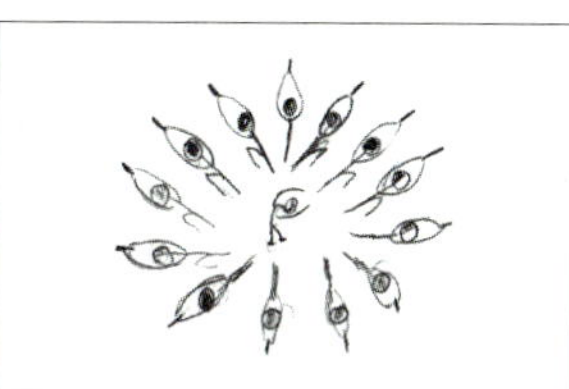

무용수 13명이 손끝을 위로 모아 뾰족한 원추형의 꼭짓점을 만든다[105]. 몸 전체가 대각선을 유지하도록 한 다음[105], 상체를 뒤로 젖힌 자세에서[106] 몸을 180도 회전하며[107] 방향을 바꿔준다. 원 안에서 웅크리고 있던 순이가 벌떡 일어서면 원추형의 꼭짓점이 벌어진다.

[108–110] 2열 종대로 바늘밭을 만들어가는 무리들

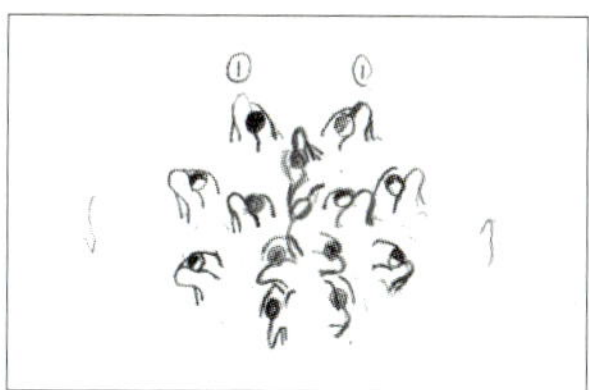
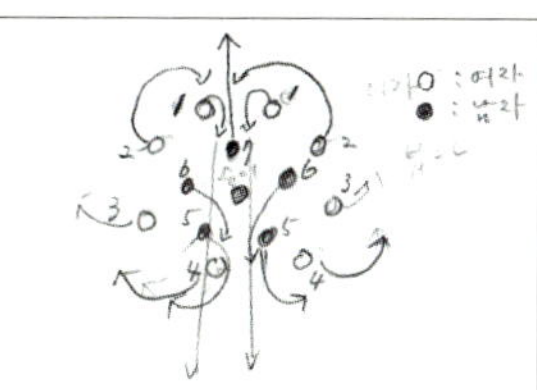
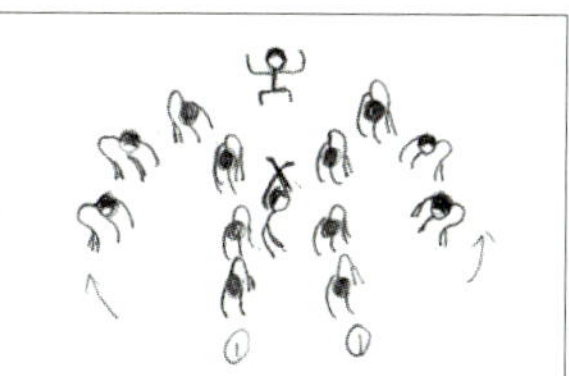

두 겹 원의 무리들은(바깥쪽 원 : 여자 8명, 안쪽 원 : 남자 5명) 옆 걸음으로 돌아가면서 순이

바늘 : 빙글빙글 돌아가던 바늘의 무리는 무대 앞에서 양쪽으로 갈라지며 기세를 몰아간다[109].

퍼져 나간 바늘의 무리는 무대 중앙 뒤를 거쳐 정면을 향해 두 줄로 밀고 나오며 무서운 바늘밭을 만들어간다.

칼날 같은 바늘밭이 무대 중앙에 두 줄로 길게 늘어서 있다[110].

무대 앞까지 밀고 나온 바늘은 둘씩 짝을 지어 등을 바닥에 대고 납작하게 눕는다.

무대는 온통 '바늘밭'이다.

섬뜩한 바늘밭 위에 순이가 꼼짝없이 서 있게 된다.

순이 : 순이가 눈을 크게 부릅뜬다.

당황한 듯 입이 벌어지고 얼굴 표정이 일그러진다.

순이는 치마를 움켜잡고 바늘과 바늘 사이사이를 건너뛰면서 이리저리 피한다.

무대 앞까지 쫓겨온 순이는 더 이상 갈 곳이 없다.

(바늘에 쫓겨 순이가 무대 앞까지 떠밀려왔을 때 사물연주가 들려오기 시작하며 긴장감은 더욱 고조된다)

바늘 : (순이가 무대 앞까지 쫓겨왔을 때)

둘씩 짝지어 누워 있는 바늘은 앞에서부터 차례차례 무대 뒤쪽으로 굴러가며 순이를 막다른 곳으로 몰고 간다.

를 손끝으로 날카롭게 내리찍는다[108]. 몸을 뒤로 젖혀 허리를 90도로 굽혀주면서 양팔을 뒤에서 앞으로 돌려주며 내리찍는다. 원으로 돌아가던 무리들이 앞에서 좌우 양쪽으로 갈라지며 무용수 ①①, ②②, ③③, ④④, ⑤⑤, ⑥⑥의 순서로 2열 종대로[109] 무대 앞으로 전진한다. ⑦은 무대 뒤쪽으로 이동하여 2열 종대의 바늘밭 끝에서 순이의 길을 막는다[110]. 순이는 막다른 길목으로 쫓겨 두 줄로 만든 바늘밭 사이에 갇힌다.

무리 지어 돌아가던 바늘들은 원 앞쪽에서 양쪽으로 갈라지며 반원을 만들어 나간다. 원 앞쪽의 두 무용수가 몸 방향을 빠르게 바꿔주며 서로 마주 보도록 한다. 무대 중앙 뒤에서 앞으로 밀고 나온 바늘들이 선두가 되어 2열 종대를 만들어간다.(⌒⌒ – ↓↓) 앞에서 벌어지며 뒷걸음으로 반원을 만들어가던 바늘들은 무대 중앙 뒤에 서게 된다. 무리들이 반원으로 갈라질 때 순이의 모습이 드러난다.

2열 종대의 바늘밭(floor pattern)

○ ◎ ⌒ ⌒⌒ ↓↓ →←

○ 13명이 하나의 큰 원의 형태로 만든 바늘밭(시계 반대 방향으로 돈다)

◎ 13명이 두 겹 원의 형태로 만든 바늘밭(시계 반대 방향으로 돈다)

⌒ 13명의 두 겹 원이 앞에서 갈라지면서 반원의 형태로 만든 바늘밭
(좌우로 갈라지며)

⌒⌒ 13명이 반원의 형태에서 2열 종대로 만드는 바늘밭
(뒤에서부터 앞으로 정면을 보고)

↓↓ 13명이 2열 종대로 만든 바늘밭(정면을 보고)

→← 2명이 2열 종대로 만들어 등을 바닥에 대고 누운 바늘밭(위를 보고)

바늘밭 끝으로 몰아세운다.

바늘의 무리가 굴러갈 때,

둘씩 머리를 맞대고 누운 채 양팔을 뻗어 서로를 잡고 굴러간다.

앞쪽의 두 사람이 먼저 천천히 굴러가면, 그다음 두 사람이 밀려서 굴러가고, 세 번째 네 번째로 이어지면서 점점 빠르게 굴러간다.

서서히 밀고 밀리면서 모두가 순식간에 무대 뒤로 굴러가 몰리면 순이는 막다른 길목까지 내몰리게 된다[111].

순이를 향해 몰려온 바늘들은 순이 앞에 숨죽인 채 납작하게 엎드려 있다.

얼굴을 바닥으로 향한 채 서로 머리를 맞대고 있다.

쫓고 쫓기는 바늘의 무리와 순이[112].

그 모습은 숨 막히는 긴장감으로 분위기를 몰아간다.

무대 뒤쪽에 납작하게 엎드려 있던 무리들은 서로 마주 잡고 있던 양손을 끌어당기며 빠르게 자세를 바꾸어 앉는다.

그리고 두 다리를 더욱 빠르게 밀어 올린다.

밀어 올린 두 다리의 발끝이 뾰족하게 위로 치솟는다.

소름 끼치도록 매서운 바늘밭이 순이의 눈앞에 깔려 있다.

[111] 2열 종대의 바늘밭 사이에 끼어 있는 순이

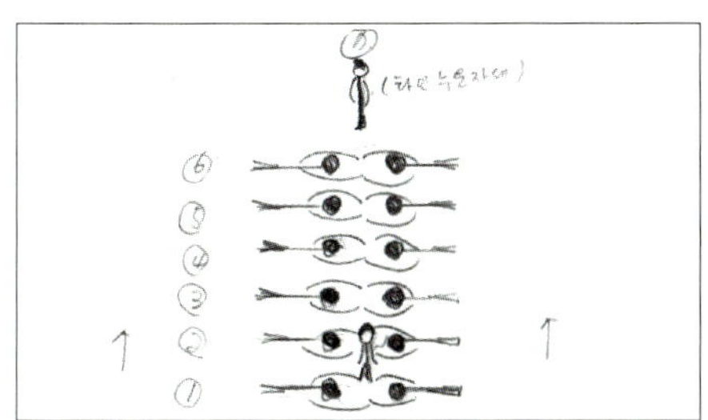

⑦번 바늘은 뒤에 있고 바늘의 무리들은 머리를 마주하고 엎드린다. 양팔은 머리 위로 똑바로 펴서 반대쪽에 누워 있는 사람과 맞잡아준다.

[112] 바늘밭 끝으로 쫓겨간 순이와 무리들

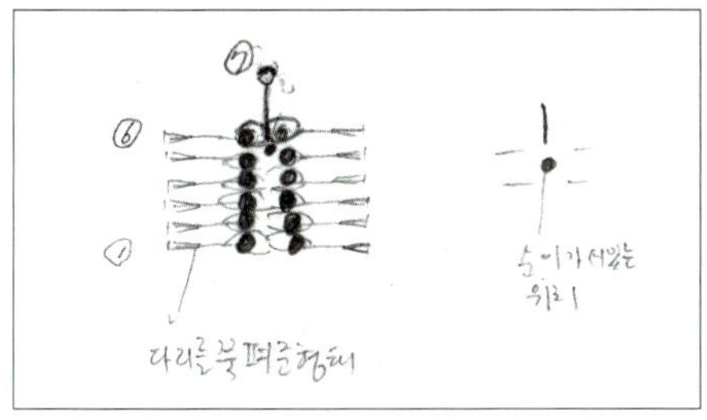

그림 [111]에서 무대 앞쪽에 누워 있는 바늘 ①부터 뒤쪽으로 천천히 굴러간다. ①이 굴러 ②로 가까이 가면 ②는 동작을 이어가고 ①②가 동시에 굴러간다. ②가 ③까지 서서히 굴러가면 ①②③이 동시에 구른다. 그러고 난 다음 빠른 속도로 ④⑤⑥까지 함께 굴러가 간격을 좁혀준다. 순이는 밀려오는 바늘에 쫓겨 무대 뒤쪽에 있던 ⑦번 바늘에 꽂힌다.

순이 : 더 이상 갈 곳이 없는 순이는 막다른 곳까지 쫓겨와 바늘 끝에 쓰러지고 만다.
쓰러지는 순이의 등을 뒤쪽의 바늘 하나가 세차게 밀면서 찌르자[113] 순이의 몸이 출렁인다.
바늘 끝에 꽂힌 순이는 더 이상 피할 길이 없음을 예감한다.
그리고 체념한 듯 그 고통을 이겨내려 한다.
긴 치마를 걷어붙이고 엉덩이를 뾰족한 바늘 끝에 들이밀며 스스로 바늘 위에 올라앉는다[114].
시집살이를 '바늘방석'이라 했던가?
순이는 바늘 끝 위의 바늘방석에 올라앉는다.
무용수들이 뻗어 올린 다리 위의 발끝에 순이가 꽂힌다.
(순이와 발끝만 보이도록 조명을 준다)
그 모습은 뾰족한 바늘 끝에 꽂혀 공중에 떠 있는 형상이다.
순이는 그 고통을 이겨내리라 마음먹지만 내심 두렵다.
자신도 모르게 몸이 움츠러든다.
그러나 순이는 이 상황을 받아들이려 다짐한다.
바늘 끝에 올라앉은 순이의 모습은 의연하다.

바늘 : 순이의 앞에서 발끝을 치켜세운 바늘이 어지럽게 돌아간다.
무리가 둘씩 짝지어 발바닥을 마주 붙이고 양 다리를 빠르게 돌려준다.
뾰족한 발끝만 보인다.
자전거 페달이 돌아가는 것 같은 발끝의 모습은 현기증이 난다.

[113] 바늘 끝에 꽂힌 순이

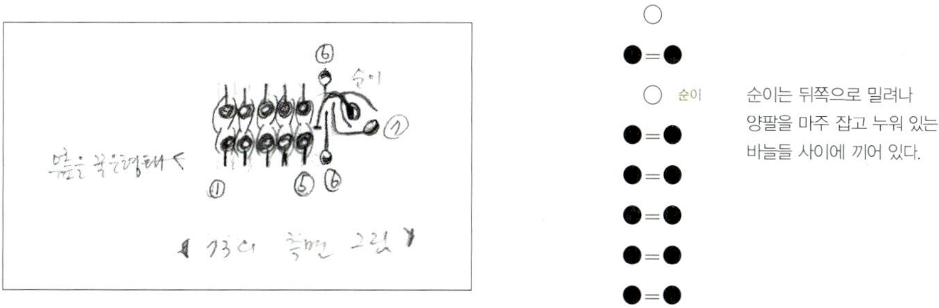

무대 뒤에 누워 있던 ⑦번 바늘의 다리가 순이의 등을 강하게 밀어주면 순이의 몸이 앞뒤로 출렁인다. 순이가 ⑦번 바늘의 발끝에 꽂힐 때, 무대 바닥에 엎드려 있던 무리들은 양팔을 앞으로 끌어당기며 상체를 일으켜 세우고 무릎을 꿇어 엎드린 후, 바늘에 꽂힌 순이의 등을 세차게 밀어버린다. 그러면 순이의 몸은 앞으로 숙여졌다가 다시 뒤로 넘어가며 바늘의 다리에 꽂히게 된다.

[114] 바늘 끝 위에 올라앉은 순이

바늘 ⑥⑥⑦의 다리에 순이가 꽂힐 때, 무릎을 꿇고 엎드려 있던 바늘들은(바늘①~⑤) 엉덩이를 땅에 대고 마주 보고 있던 두 사람의 발이 서로 맞닿도록 재빠르게 몸자세를 바꿔주며 앉는다(굴러와서 몸자세를 바꿔주는 동작은 순간적으로 재치 있게 처리한다). 마주하고 있는 두 사람은 동시에 다리를 위로 밀어 올리며 등을 바닥에 대고 눕는다. 이때 발끝을 위로 곧

순이 : 바늘이 주는 고통을 순이는 온몸으로 받아낸다.
그러나 이를 악물고 꼿꼿이 앉아 있던 순이는 이내 몸이 뒤틀리더니 바늘 위에 쓰러져 실신하고 만다[115].

바늘 : 무리는 바늘 위에 쓰러진 순이의 전신을 매섭게 찌른다[116].
이때 죽비 치는 소리가 찰싹찰싹 소리 내며 싸늘하게 들려온다.
소름 끼치도록 끔찍한 바늘고문의 시작이다.

순이 : 바늘에 의해 고통받는 순이의 사지는 찢기고 튕긴다.
그 고통은 우리의 어머니들이 자신의 허벅지를 바늘로 찌르며 인내하는 모습이기도 하다.

바늘 : 둘씩 짝지은 바늘들이 뾰족하게 치켜세운 다리를 가슴 쪽으로(서로 대각선으로) 빠르게 끌어당기자 브이(V)자 형태의 공간이 생긴다.
이 공간 사이로 순이가 떨어지자 바늘들은 서로의 엉덩이가 떨어지지 않도록 양팔을 꽉 잡으며 순이를 압박해온다.

게 펴서 바닥과 직각이 되도록 등을 대고 바닥에 누워 있던 바늘 3명(⑥⑥⑦)은 순이가 올라앉을 수 있도록 발뒤축을 모아 약간 굽혀준다. 순이가 발바닥 위에 올라앉으면 무리들은 두 다리를 밀어 올려 순이를 공중으로 들어 올리고 앞쪽에서 다리를 들어 올린 무리들은 서로 뒤축을 대고 발끝을 똑바로 펴준다. 그리고 두 다리를 규칙적으로 교차시킨 후, 자전거 페달을 돌리듯이 빠른 속도로 다리를 돌리기 시작한다. 이때 뾰족한 발끝(흰색 분장)만 공중에 떠 있는 것처럼 보이도록 빛을 준다. 순이는 그 발끝 위에서 모진 고통을 당하는 것처럼 보인다.

[115–116] 바늘 끝에 쓰러진 순이

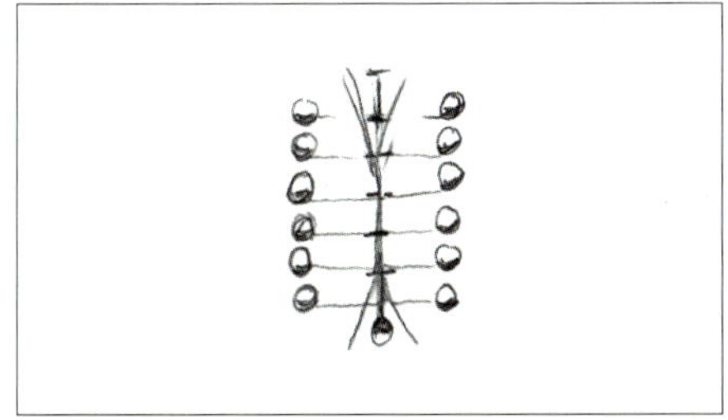

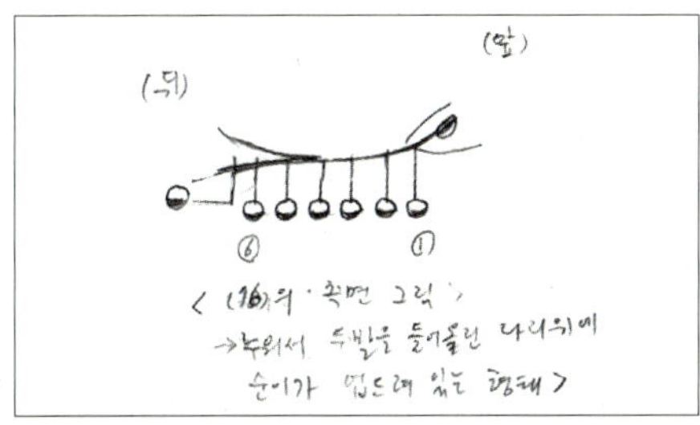

순이는 밀어 올린 발끝 위에 길게 쓰러져 엎드린 채 모진 고통을 견딘다. 바늘 끝 위에 엎드릴 때, 두 손으로 앞쪽에 있는 무용수들의 발을 짚으며 무릎–배–가슴 순으로 발끝에 몸이 닿도록 한다. 이때 배로 중심을 잡는다. 바늘의 무리들은 발끝 위에 순이를 올려놓고 다리를 굽혔다 폈다 하며 찌른다.

순이 : 바늘 끝 위에 앉아 있던 순이는 순식간에 바늘의 다리와 다리 사이 그리고 엉덩이 위로[117] 떨어진다.

순이가 공중에서 아래로 떨어지는 아찔한 순간이다.

(예측되지 않은 장면의 변화로 모두가 화들짝 놀라 숨을 죽인다. 그 기세를 몰아 무대는 클라이맥스에 다다르고 최고조의 긴장감이 감돈다)

바늘 : (순이가 바늘들의 엉덩이 위로 떨어지면)

둘씩 짝지은 무리들은 다리를 굽혀 발바닥을 마주 붙인다.

발바닥을 마주 붙이면, 다리와 다리 사이에 터널 형태(다이아몬드 형태 ◇)의 공간이 생긴다.

그곳은 무시무시한 바늘밭의 끝 '바늘방[118]'이다.

순이 : 순이는 바늘방 터널 속에 갇혀(◈) 꼼짝할 수가 없다.

(순이가 바늘방으로 떨어질 때 앞쪽에서 빛을 강하게 주고 사이드 조명은 쓰지 않는다. 바늘방에서 고통을 겪는 순이의 모습이 호리존트에 비춰지도록 하고, 컷아웃의 암전으로 충격과 긴장을 주며 클라이맥스에 이르도록 한다)

[117] 바늘 끝에서 아래로 떨어진 순이

순이를 발끝 위에 올리고 있던 무리들이 다리를 빠르게 가슴 쪽으로 당겨주면, 수직(⊥)으로 뻗어 있던 다리가 브이(V)자 형태의 대각선으로 벌어지면서 순이가 아래(무리들의 발끝에서 서로 맞대고 있는 엉덩이와 엉덩이 사이)로 떨어진다.

[118] 바늘방에 갇힌 순이

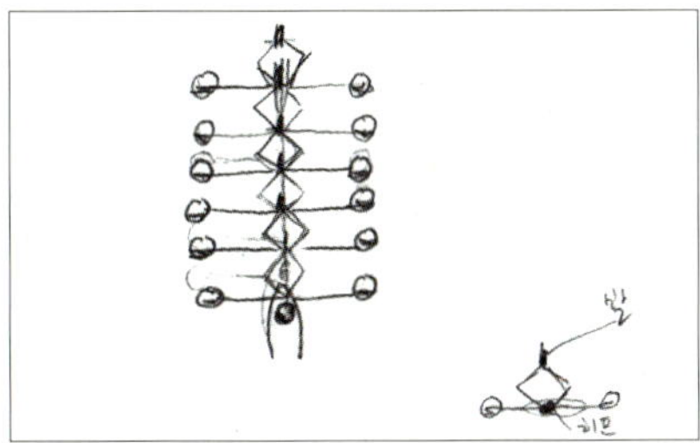

바늘의 무리들은 다리를 대각선으로 벌린 다음(V), 다시 다리를 굽혀(〈) 발바닥을 서로 마주 대고 다이아몬드 형태의 터널(◈)을 만든다. 이렇게 바늘방을 만들어 순이를 그 속에 가두고 발뒤꿈치로 순이를 내려 찌른다. 순이는 바늘방을 빠져나오려고 안간힘을 쓴다. 두 손을 모으고 발로 차면서(앞쪽으로 밀면서) 터널을 조금씩 빠져나온다. 몸통과 다리는 그대로 터널 속에 갇혀 있고 상체만 보인다.

바늘 : 바늘방은 요동친다.

바늘방의 무용수들은 발끝을 위로 치켜세우고 다리를 아래위로 흔들어주면서 무자비하게 순이를 찌른다.

순이 : 순이는 바늘방을 빠져나오려 몸부림친다.

깊고 긴 바늘방의 터널 속에서 발과 다리를 강하게 차고 밀면서 양팔을 앞으로 모아서 강하게 내뻗는다.

조금씩 터널을 빠져나오는 순이의 모습이 보인다.

순이의 손끝이 불쑥 튀어나오더니 머리가 보이고 몸통이 드러난다.

몸이 반쯤 터널에 걸린 채 험난한 터널을 빠져나오려 안간힘을 쓰는 마지막 순간, 바늘의 무리는 순이를 내동댕이친다[119].

(내동댕이쳐지는 순간 조명이 컷아웃된다)

무용수 2명이 짝을 지어 바늘방을 만든 다리 동작(floor pattern)

⊥ ⊻ ◇ ◈

⊥ : 두 사람이 발을 서로 마주 대고 위로 밀어 올려 엉덩이를 붙이고 두 발끝을 뾰족하게 만든 형태(양손은 서로 마주 잡는다)

⊻ : 위로 똑바로 뻗은 다리를 벌려준 형태

◇ : 두 사람이 무릎을 굽혀 가슴 쪽으로 끌어당겨서 발바닥을 서로 마주 붙여 만든 다이아몬드 형태의 바늘방

◈ : 다이아몬드 형태의 바늘방에 순이를 가둔 형태

[119] 바늘방의 터널을 빠져나온 순이

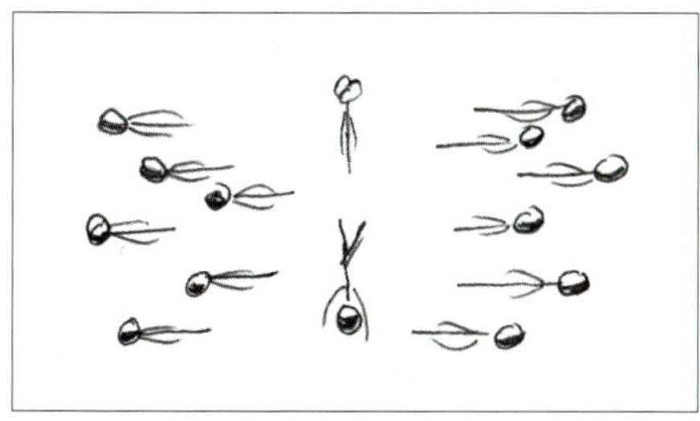

순이를 찌르던 바늘들은 서로 마주 붙인 발바닥을 밀어내면서[A] 빠르게 굴러 흩어진다. 그리고 다시 바늘 끝을 세우고[B] 순이 쪽을 향한다.

순이가 바늘방을 빠져나와 바닥에 떨어지는 순간 조명을 컷아웃으로 처리하여 충격을 극대화시킨다. 무대는 잠시 암전되었다가 빛이 서서히 들어온다.

3. 순이의 탈진

잠시 후, 암전되었던 조명이 서서히 들어온다. 바늘방석의 고통을 이겨낸 순이는 바닥에 쓰러져 있고, 바늘의 무리는 여전히 발끝과 손끝을 세우고 순이를 둘러싸고 있다. 순이는 만감이 교차된다.

순이 : 길고도 험한 터널 속을 간신히 빠져나온 순이는 탈진 상태로 쓰러져 있다[120].
너무나 고통스러워 몸을 일으켜 세울 수가 없다.

바늘 : 바늘들은 여전히 가시넝쿨이 되어 바늘 끝을 세우고 순이를 둘러싸고 있다.
그러나 점점 힘을 잃어가며 무기력해진다.
그러면서도 그들은 언제라도 또다시 공격할 듯이 살아 있다.

순이 : 험난한 길을 달려온 순이
지난 일들이 주마등처럼 뇌리를 스쳐 지나간다.

혼수품 마련
신혼의 단꿈
타인들과 마주침
따갑고 매서운 바늘방석

그렇게 지나온 나날들을 하나씩 되돌아본다.

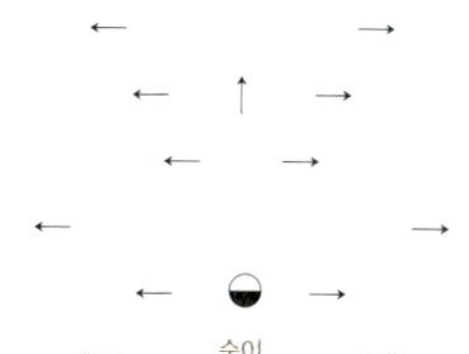

바늘들은 화살표 방향으로 밀면서 퍼지고
순이는 바닥으로 떨어져 실신한다.[A}

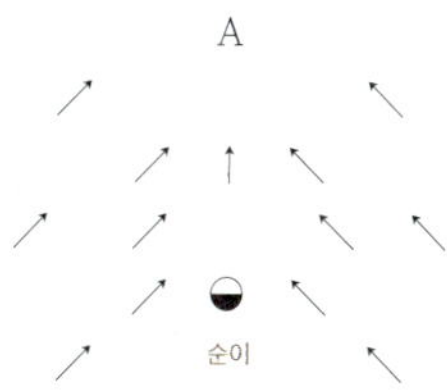

순이는 실신하고 바늘은 공격적인
자세로 순이를 내려다본다.[B]

[120] 탈진 상태로 쓰러진 순이

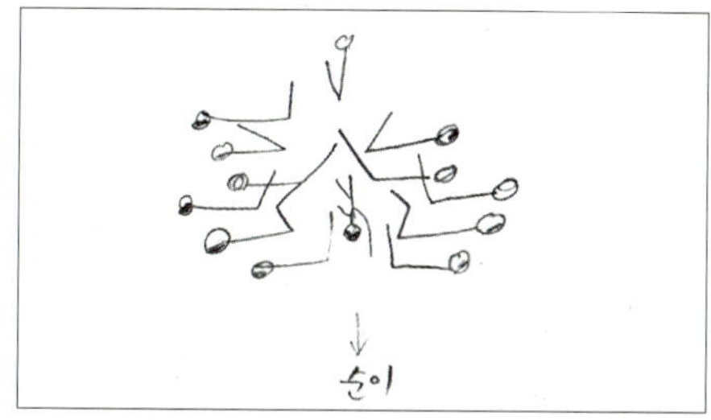

제4장

매듭풀이

제4장 매듭풀이

우리의 삶 속에는

풀리지 않는 매듭이 있다

매듭과 매듭은 뒤섞이고 쌓이고 쌓이며

우리의 삶을 압박해온다

옭매듭으로 엉켜가는 무리들

매듭을 풀려 하면 할수록 그 매듭은

더 단단하게 얽혀간다

그러나 지혜롭게 매듭을 하나씩 풀어가는 순이

그렇게 순이는 자신의 삶을 지켜가고

고통은 춤으로 승화되어

순이는 훨훨 날아간다.

1. 응어리진 매듭

느린 중모리장단의 애잔한 대금 연주가 순이의 지친 마음을 위로한다. 순이는 탈진 상태로 무대 중앙에 쓰러져 있고 무리들은 무대에 흩어져 있다. 여전히 바늘의 속성을 드러내는 무리들은 매듭으로 변해간다. 백라이트[121]로 차가운 바늘의 느낌을 살리고, 사이드 조명으로 순이의 따뜻한 마음[122]이 느껴지도록 한다. 공허함과 슬픔 그리고 용기와 희망으로 오버랩 된다.

제4장 매듭풀이

[121] 조명 117번

[122] 조명 147번

순이 : 순이는 정신이 혼탁한 상태에서 험난하게 이어온 자신의 삶을 되돌아본다.
대를 잇는 여인의 한스러운 삶.
바느질하는 친정어머니의 모습이 순이의 머리를 스쳐간다.
쓰디쓴 고통을 인내로 견뎌냈던 어머니의 모습을 떠올리며 자신의 처지를 되돌아본다.
몸을 추스르며 일어나려 하지만 힘없이 쓰러지고 만다.
안간힘을 다해 일어나려고 애쓰지만 쓰러지고 또 쓰러진다.
그러나 순이는 자신의 어머니를 생각하며 강한 의지로 다시 일어선다.
자리에서 일어나 몸과 마음을 가다듬으며 앞으로 걸어 나간다[123].
그리고 마음속 깊이 다짐한다. 어떠한 역경도 이겨내리라…
순이는 쓰디쓴 고통을 인내로 그리고 춤으로 승화하며 너울너울 춤을 추기 시작한다.
조금씩 조금씩 힘이 솟는다.

바늘 : 바늘의 무리는 순이가 춤을 추는 동안 서서히 날카로운 모습을 잃어가며 하나씩 둘씩 순이의 마음에 동요되어간다.
바늘들은 힘없이 느린 동작으로 서서히 움직인다.
그러나 그들의 속성은 여전히 남아 있어 중간중간 손끝과 발끝의 뾰족함으로 드러난다.
여기저기 흩어져 있던 무리들은 점차적으로 하나둘씩 힘없이 바닥으로 쓰러진다.

[123] 순이와 힘을 잃어가는 바늘의 무리들

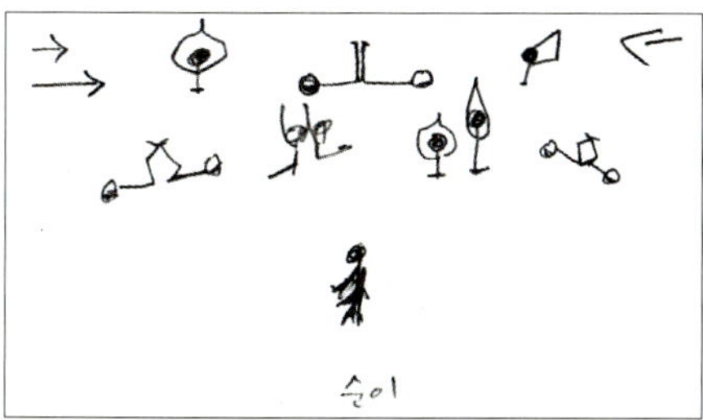

순이는 강한 의지로 몸을 추스리며 일어선다. 순이를 둘러싸고 있는 바늘의 무리들은 손끝과 발끝으로 날카로움을 드러낸다. 상하수에서 바늘이 등장하며 군무와 자연스럽게 섞인다(상수에서 등장하는 바늘 하나가 베틀의 북을 가지고 굴러 들어와 상수 뒤쪽에 보이지 않도록 놓는다).

힘을 잃어가는 바늘 무리는 뒤로 밀려가면서 실타래처럼 엉켜간다.

순이 : 순이는 응어리진 자신의 마음을 호소하는 춤을 춘다.

부드러우면서도 강하고 강하면서도 부드럽게 휘감으며 너울너울 춤추는 순이의 팔 동작이 유연하다.

무릎 굴신은 무게감으로 차분해 보인다.

자신을 지키려는 순이의 굳은 의지가 드러난다.

힘차게 내딛는 순이의 발걸음에 흥이 더해진다.

발걸음은 사뿐사뿐 어깨는 들썩들썩.

순이의 춤은 어느덧 성숙한 여인의 모습이 되어 있다.

그것은 모든 것을 포용할 수 있는 넉넉한 마음의 춤이다.

곡선적인[124] 동작으로 이어지는 순이의 춤은 차분하고 성스럽다.

그러나 때로는 폭풍처럼 휘몰아치는 강인함으로 굳센 의지가 엿보인다.

이는 우리네 어머니들의 모습이 아닌가?

정신을 가다듬어가는 순이의 춤은 점점 더 생기를 찾아간다.

부드럽게 굴신하며 춤추는 순이의 모습이 담담하고 편안해 보인다.

바늘 : 바늘의 위력은 점점 약해져간다.

몸을 낮추며 굴러가고 또 굴러간다[125].

또 다른 무리가 여기저기서 나타나 합세한다(상하수).

그들은 무대 뒤쪽에서 서로 뒤엉키며 매듭으로 뭉쳐간다.

[124] 순이는 부드러운 곡선의 춤으로 모두를 끌어안는다.

[125] 순이의 마음에 동요되어가는 무리들

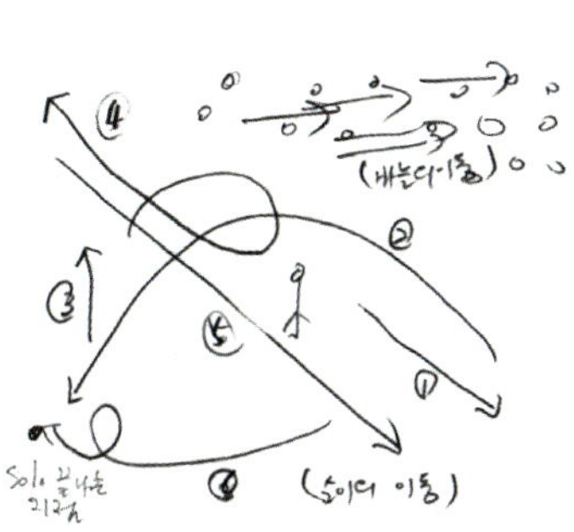

모진 고통을 겪어낸 순이의 춤은 차분하다. 그러면서도 때로는 고통으로 때로는 흥겨움으로 이어지는 성숙한 춤이다. 모든 것을 포용할 수 있는 넉넉한 마음을 가진 여인으로서의 모습이다. 바늘의 무리들은 힘없이 쓰러지고 굴러가며 순이의 마음에 동요되어가면서도 가끔씩 손끝과 발끝을 뾰족하게 세운다.

어느새 크고 단단한 매듭이 되어간다(상수 쪽으로).

(상수 쪽에서 등장하는 무용수가 베틀의 북을 가지고 들어와 상수 뒤에 놓아둔다. 이 북은 마지막 장에서 순이가 사용한다)[86 참조]

순이 : 순이는 실타래처럼 뒤엉켜가는 무리들을 바라본다.
그들을 바라보는 다부진 모습이 춤으로 드러난다.
순이의 춤은 넉넉함으로 무르익어간다.

바늘 : 이리저리 뒤섞인다.
얼기설기 서로 엉키고 엉켜 옭매듭으로 얽혀간다.

순이 : 옭매듭으로 얽혀가는 무리들을 바라본다(하수 앞).
그리고 엉켜가는 매듭을 풀리라 다짐한다[126].
모든 것을 훌훌 털어 버리며 온몸을 불사르는 순이의 춤.
의지의 춤으로 훨훨 나는 순이의 몸이 가볍다.
순이는 매듭을 풀기 위해 뒤엉켜 매듭지어진 무리들 속으로 몸을 던져 뛰어들어간다(상수 뒤).

바늘 : 바늘들은 무리를 향해 뛰어드는 순이를 주시한다.
몸을 내던지는 순이를 공중에서 낚아채 매듭 속에 묻어버린다[127].

[126] 매듭 속으로 뛰어드는 순이

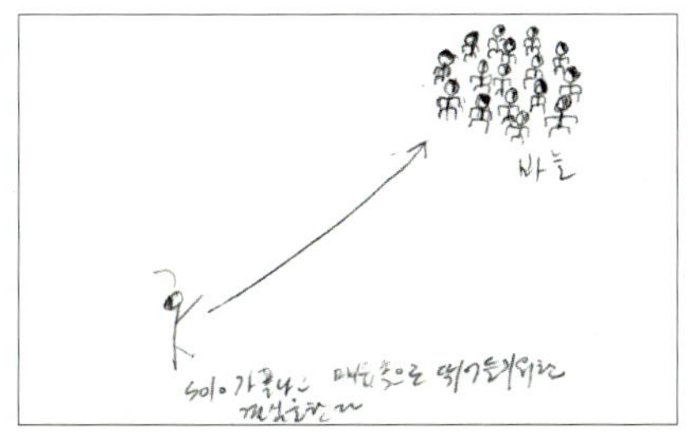

상수 뒤쪽에 모인 무리들은 매듭으로 변해가면서도 불규칙적으로 순이를 위협한다. 끈적끈적한 느낌의 상체 동작으로 더욱 단단하게 뭉치려 하지만 순이는 매듭을 풀어갈 결심을 한다.

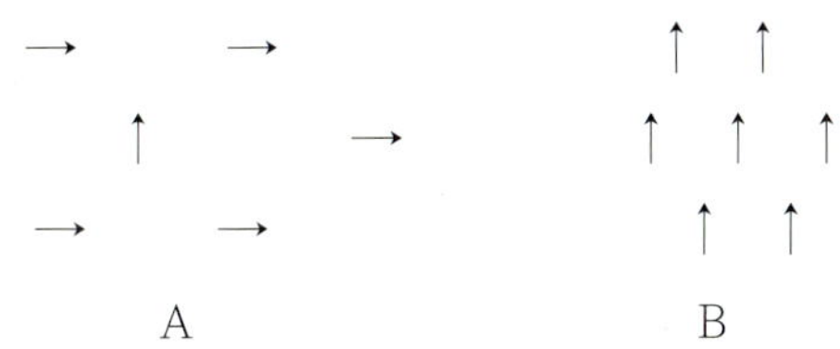

무리들은 무대 중앙 뒤쪽으로 이동하며 넓게 퍼진다(A). 쓰러지고 굴러가며 상수로 모여 뭉친다(B).
상수에 모인 무리들은 몸 방향과 높낮이를 자유롭게 바꿔주며 매듭으로 단단하게 뭉쳐간다.

[127] 순이를 집어삼키려는 매듭의 무리들

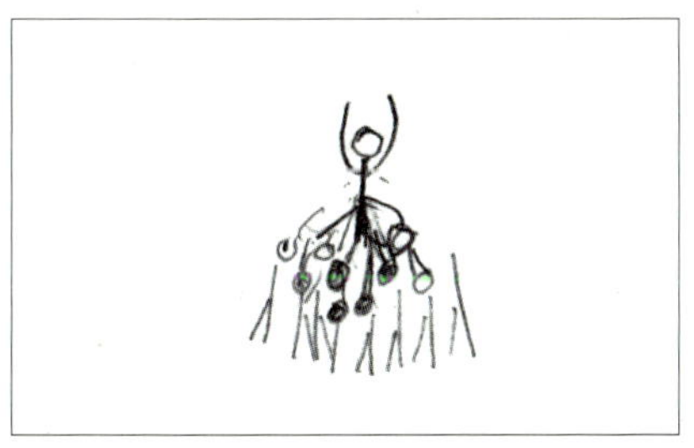

매듭의 무리들은 몸을 좌우로 뒤틀고 흔들며 거세게 동작한다. 매듭 속으로 뛰어든 순이의 다리를 잡아 공중으로 들어 올렸다가 매듭 속에 묻어버린다(남자 5명은 안쪽에서, 여자 10명은 바깥쪽에서 원을 만든다).

무리들은 순식간에 순이를 집어삼킨다.

2. 순이의 매듭풀이

쿵쾅쿵쾅 우렁찬 북소리가 들려온다. 매듭의 무리가 큰 호흡으로 굴신하며 자맥질한다. 순이는 매듭 속에서 베틀의 북을 다시 잡는다. 그 북을 들고 뒤엉킨 매듭을 하나씩 풀어나간다. 자진모리장단[128]의 사물연주로 흥겹게 매듭을 풀어간다. 순이에게는 무대 중간의 작은 빛을 주고, 매듭을 풀어가는 순이의 손동작이 강조되도록 사이드 조명을 쓴다.

매듭 : 겹겹이 뭉친 매듭의 무리가 상수 뒤에 버티고 서 있다[129].
매듭의 무리는 어깨와 어깨를 잡고 겹겹이 스크럼을 짜고 그 안에 순이를 가둔다.
무리들은 순이를 내려다보면서 숨을 깊게 들이쉬고 내쉬며 자맥질한다.
무릎 굴신으로 몸을 앞으로 숙이고 뒤로 젖혀주며 오므라졌다 펴졌다를 반복하면서 매듭은 더욱 단단해진다.

순이 : 매듭 속에서 숨죽이고 있던 순이의 손에는 어느새 베틀의 북이 쥐어져 있고, 매듭 사이로 베틀의 북이 모습을 드러내며 솟아오른다.
그리고 순이는 겹겹이 뭉쳐 있는 매듭을 서서히 풀어간다.

매듭 : 엉켜 있던 매듭이 조금씩 풀리기 시작하면서 단단하게 뭉쳐 있던 매듭들은 점

[128] 자진모리풍의 힘찬 북소리

[129] 매듭을 풀기 시작하는 순이

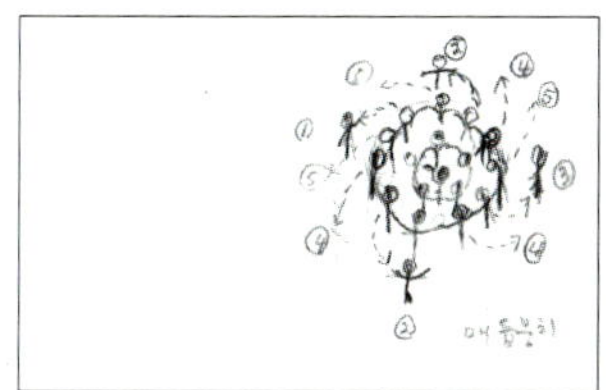

스크럼을 짠 매듭 속에 순이가 갇혀 있다. 순이는 베틀의 북(그림 [123]에 미리 놓아둔 북)을 오른손에 들고 매듭을 풀어간다. 순이의 손에 쥐어진 베틀의 북이 무리들 사이로 높이 솟아오른다. 무리들은 양팔을 어깨높이까지 들어 올려 잡고 다리를 벌리고 선다. 바깥 원의 무리들은 무릎을 굽히며 원 안에 갇혀 있는 순이를 내려다본다. 안쪽 원은 반대로 무릎을 펴면서 가슴을 뒤로 젖히며 펴준다. 두 개의 원이 서로 엇갈리면서 오므려주고 펴주는 것을 반복한다. 점점 더 단단하게 뭉쳐가던 매듭은 어느새 무리에서 떨어져 나오기 시작한다[129]. 같은 방법으로 사방에서 떨어져 나온다.

차 성글어져 간다.

한 사람씩 매듭 주위를 맴돌며 무리에서 떨어져 나가면 매듭은 그 형체를 잃어간다.

자맥질하며[130] 떨어져 나온 매듭들이 하수 앞에서 다시 엉켜 들어가고, 달팽이 모양의 매듭으로 또다시 단단하게 뭉쳐진다.

순이 : (상수 쪽 매듭이 모두 풀리면)

순이는 매듭이 풀린 자리에 혼자 남아 멀리서 또다시 생겨나는 매듭을 주시한다(상수 뒤).

그리고 하수 앞에 다시 만들어지는 매듭 사이를 또다시 뚫고 들어간다.

매듭 깊숙이 파고 들어가 몸 방향을 바꾸어 휘몰아치며 매듭을 풀기 시작한다. 무리들을 이끌고 무대 중앙으로 나온다.

매듭 : (순이가 하수 앞 매듭을 풀어 나갈 때)

달팽이 모양으로 감겨들어가던 무리들은 거세게 요동치며 풀려 나간다[131].

그리고 순이를 중심에 두고 원으로 힘차게 돌아간다.

(순이가 매듭으로 뛰어드는 순간, 음악은 빠른 휘모리장단으로 바뀌면서 다음 장으로 연결된다)

[130] 자맥질하는 매듭

자맥질하며 더욱 단단하게 뭉치려는 상수 쪽의 매듭은 다시 하수 쪽에서 달팽이 모양의 매듭으로 조여간다.

[131] 달팽이 모양에서 큰 원으로 풀려지는 매듭

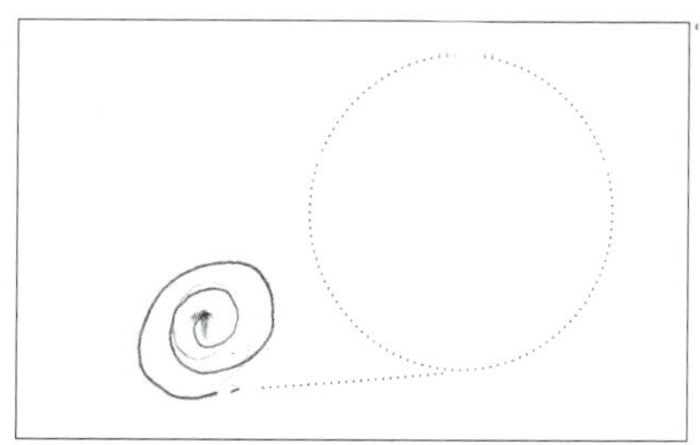

순이가 매듭의 중심에서 회전하며 요동치면, 무리들은 휘몰아치며 빠른 걸음으로 풀려 나간다. 순이를 따라 풀려 나갈 때는 몸을 낮추고 서로 손을 잡은 채로 풀리다가 잡고 있던 손을 놓으며 큰 원으로 풀어지면서 상체를 펴준다.

제5장

마음꽃

제5장 마음꽃

역경 속의 삶을
자수의 예술로 승화시킨다.
다양한 사람들 모습이
순이의 수틀 위에서
각양각색의 마음으로 수놓아진다.
한 사람씩 피워 올린 여러 송이의 꽃은
한 덩이의 거대한 마음꽃으로 피어난다.
순이의 마음이
한 송이의 붉은색 마음꽃으로 피어나
우리의 마음속 여운으로 남겨진다.

1. 화합

음악은 자진모리장단에서 휘모리장단[132]으로 몰아가며 매듭의 춤은 화합의 춤으로 이어진다. 화합의 춤은 수가 되고 마음꽃으로 피어난다. 순이를 중심에 두고 무리들은 원이 되어 빙글빙글 돌아가며 하나가 된다. 조명은 무대 상부를[133] 모두 밝히고 사이드 조명[134]으로 편안하고 따뜻한 분위기를 연출한다.

순이 : 매듭을 헤치고 나온 순이는 베틀의 북을 힘차게 돌린다.

제5장 마음꽃

[132] 빠른 휘모리장단

[133] 조명 119번, 132번, 117번, 147번

[134] 조명 117번, 147번, 137번

[135] 화합의 장으로 만들어가는 순이

큰 원으로 풀려나온 무리들은 간격을 좁히면서 순이를 향해 중심 쪽으로 모여든다. 회전 동작을 이용하여 빠른 걸음으로 두 개의 원을 만들어간다. 매듭은 완전히 풀리고 화합의 장이 이루어진다. 순이는 무리들과 함께 같은 동작을 반복하며 돌아간다.

무리 : 무리들은 순이를 따라 흥겹게 원을 그리며 춤을 춘다[135].

원무하면서[136] 앞뒤로 방향을 바꾸며 돌아가는 무리들은 잠시 후 무대 중앙으로 모여든다[137].

순이 : (무리들이 무대 중앙에 뭉치면)

순이가 무리를 향해 손짓한다.

무리 : 무리들은 빠른 걸음으로 앞으로 퍼졌다가[138] 다시 모여든다[[139].

퍼졌다가 모이기를 반복하면서 무대 앞쪽에 넓게 퍼져 앉는다[140].

이어 화합이 절정에 오른다.

[136-137] 화합의 절정으로 원무하는 순이와 무리들

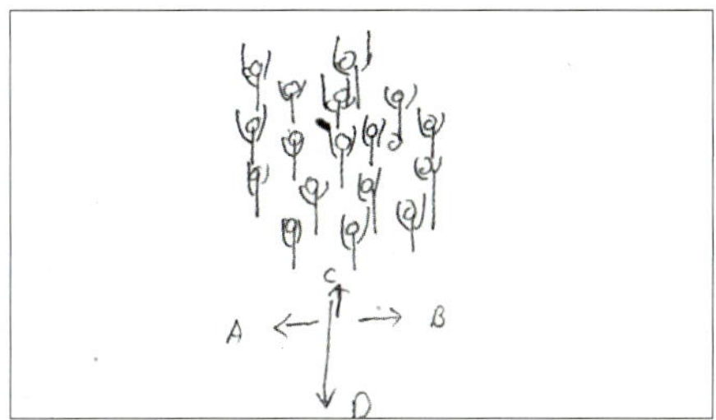

큰 원으로 돌아가던 무리들은 점점 좁혀지면서 하나로 뭉친다. A, B, C, D 방향으로 회전하면서 이동하는 순이는 무리들과 같은 동작을 한다. 무대 중앙에 모인 무용수들은 양팔을 위로 뿌리고 수평으로 펴면서 오른쪽과 왼쪽으로 돌며 스텝 한다.

[138-139] 순이를 따르는 무리들

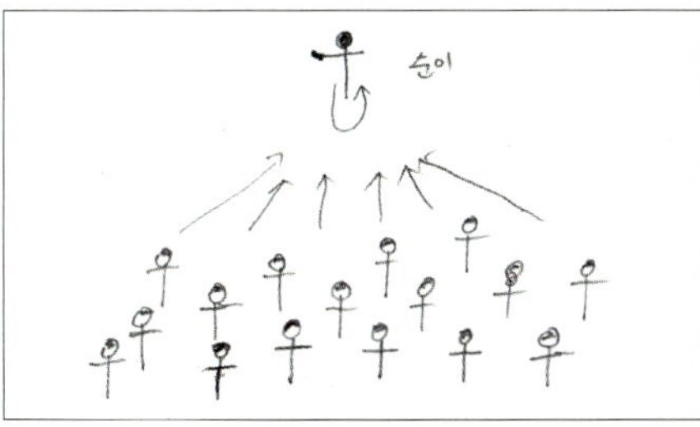

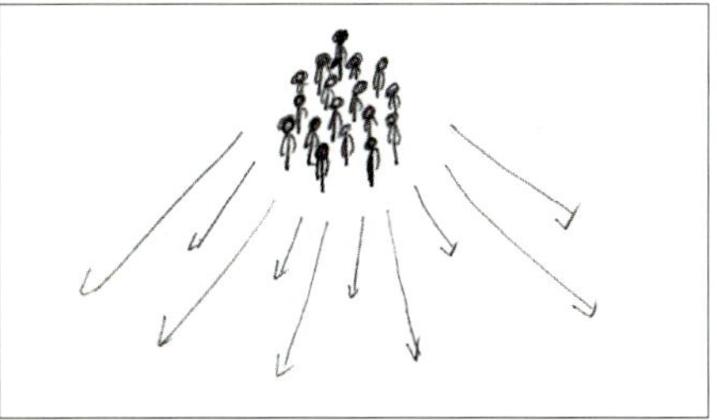

무대 중앙에 있던 무리들은 앞으로 퍼져 나왔다가[138] 뒤로 돌아 순이를 향해 빠른 걸음으로 달려들어간다[139]. 순이를 향해 뒤로 들어갈 때는 조여드는 느낌이 들도록 팔을 옆으로 내려주고, 앞으로 퍼져 나올 때는 팔을 옆으로 들며 달려 나온다. 무대 뒤로 간 순이가 무리들의 춤을 유도한다.

[140] 수를 놓아가는 순이

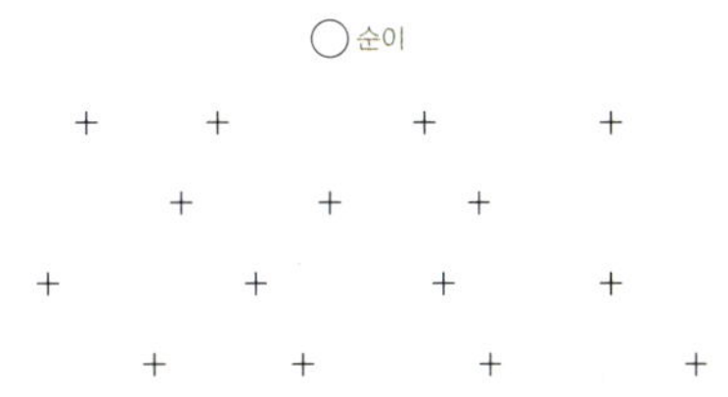

* + 무용수 1명이 양팔을 어깨높이로 들어 올리고 무릎을 꿇고 앉은 동작

무용수들은 무대 전체에 퍼진다(매듭이 완전히 풀어짐). 양팔을 옆으로 들고 자세를 낮춰 무릎을 세워서 앉은 다음, 순이의 움직임에 따라 무릎을 굽히고 펴주는 것을 반복하며 이동한다. 순이는 오른손에 베틀의 북을 들고 무용수들 사이사이를 열심히 오고 가며 수를 놓아간다.

2. 수

화합의 춤은 수의 춤으로 이어진다. 무대 공간은 수틀이 되고 무용수들은 수가 되어 춤춘다. 그리고 그들은 한마음으로 모두가 하나 된다.

순이 : 화합은 절정에 달하고 모두가 순이 앞에 와 있다.

순이는 수를 놓기 시작한다.

힘차게 내딛는 발걸음에는 순이의 당참이 느껴지고 손에 들려 있는 베틀의 북은 빛난다.

한 바늘 한 바늘 정성 들여 수를 놓는 순이의 모습에서 기쁨이 느껴진다[141].

(순이가 바쁘게 수를 놓아갈 때 호리존트에는 화려하고 다양한 색깔의 꽃들이 서서히 피어나기 시작한다)[142]

[141] 수를 놓아가는 순이

순이는 규칙적인 반복 동작으로 수를 놓아간다. 씨줄날줄로 수놓아지는 무리들은 두 무릎을 바닥에 대고 앉아 한 팔씩 직각으로 끌어 올리고 내리며 엉덩이를 들어주었다가 내려앉는다. 엉덩이를 들어줄 때 한 팔은 옆으로 그대로 두고 다른 한 팔을 가슴에서 직선 위로(얼굴 앞을 지나) 끌어 올려 머리 위로 들어 올린다. 한 팔을 머리 위로 들어주면 수직 동작이 된다. 엉덩이를 내려줄 때 머리 위로 올린 팔을 다시 가슴으로 내려 옆으로 펴주면 양팔을 옆으로 펴서 든 수평 동작이 된다. 이와 같은 방법으로 서로 엇갈리면서 동작을 반복하여 높낮이와 방향을 달리하며 수를 놓아간다. 이때 90도와 180도로 회전하면서 오른팔과 왼팔을 교대로 머리 위로 들어준다.

[142] 김수자의 작품을 그대로 살린 컬러꽃을 쓴다.

수 : 무대에 넓게 퍼져 무릎을 꿇고 앉는 무용수들이 씨줄과 날줄의 동작을 반복한다. 한 명 한 명이 수가 되어 무대라는 수틀에 한 땀 한 땀 수로 놓아진다[143].
양옆으로 팔을 벌려 한 손씩 번갈아가며 머리 위로 들어 올렸다 내리는 씨줄날줄의 동작은 바늘이 한 땀씩 수를 놓는 모양으로 형상화된다.
수직과 수평으로 움직이는 씨줄날줄의 동작을 규칙적으로 반복하며 움직여 나가는 무리들은 무대를 자유롭게 누비다 무대 중앙으로 모여든다.

순이 : 순이의 움직임이 바빠지면 무리들도 힘차게 움직인다.

수 : 한 사람 두 사람, 그리고 세 사람…
이들이 무대 중앙에 피라미드 형태로 쌓이면 조명은 점점 이 무리들로 집중된다.
그리고 무리들은 호리존트에 희미하게 피어나는 꽃들을 바라보며 뒷모습으로 모여 선다[144].

3. 마음꽃

순이의 모진 시집살이가 마음꽃으로 피어나는 순간이다. 성숙하고 포근한 느낌의 무게감 있는 배경음악과 잔잔한 가야금 연주[145]가 순이의 마음을 표현한다. 각양각색의 꽃[146]이 호리존트에 피어나고, 마지막에는 한 송이의 붉은 색 꽃[147]만이 남아 그 빛을 발하며 순이의 마음꽃으로 피어난다. 마지막 장면은 '순이–무대 중앙의 군무–호리존트–한 송이 붉은색 꽃'으로 이어지도록 조명을 준다.

[143] 수로 피어나는 무리들

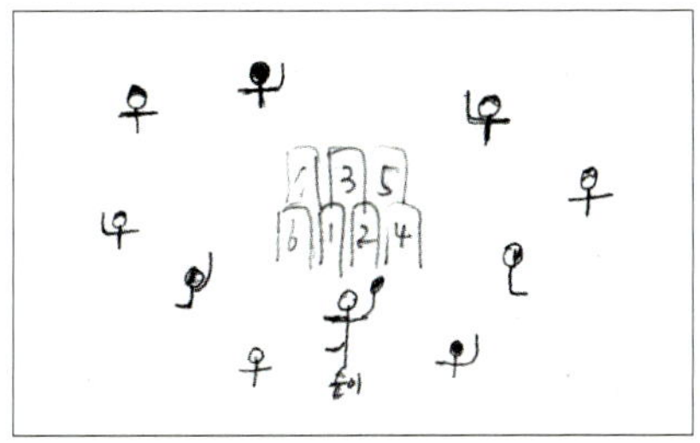

씨줄날줄로 움직이던 무리들이 한 사람씩 중앙에서부터 서서히 일어나 뒷모습으로 똑바로 선다. 수틀에 수의 형태가 잡혀간다.

[144] 수로 완성된 무리들

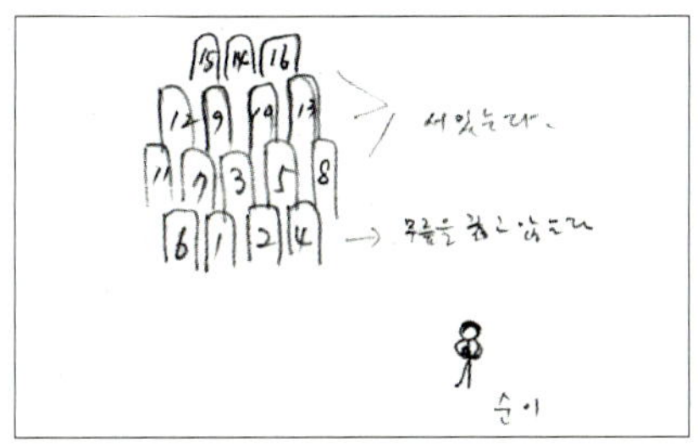

무대 중앙에 번호 순서대로 차례차례 수의 형태를 만들어간다. 수의 무리들은 위(호리존트에 비추어진 꽃)를 바라보고, 순이는 상수 앞쪽에서 무리들을 바라본다.

[145] 느린 3분박 4박자의 음악. 각주 [4]와 동일

[146] 김수자의 작품 중 〈마음과 세계〉를 슬라이드로 제작하여 다양한 색깔의 꽃들이 호리존트에 피어나도록 한다.

[147] 다양한 색깔의 꽃들이 한 송이의 꽃으로 피어나도록 한다.

수 : 수로 완성된 무용수들은 수틀에 수놓아진 꽃처럼 다양한 색의 꽃으로 피어난다[148].

(군무진은 호리존트를 바라보고 뒷모습으로 무대 중앙에 서 있다. 검은색 의상에 수놓아진 문양들이 꽃으로 피어난다. 이때 호리존트에 꽃들이 선명한 모양을 드러내며 피어난다)

무대 중앙에 위치한 무리들은 몸을 좌우로 흔들며 서서히 움직이기 시작한다[149].
양팔을 천천히 위로 펴서 든다.
손가락 마디마디가 꺾여지는 움직임은 꽃술을 상징하듯 감미롭고 부드럽다.
무리들의 움직임은 모두 하나가 되어 출렁인다.

순이 : 순이는 자신이 놓은 수를 바라본다.
주체할 수 없는 감격으로 순이의 마음은 벅차오른다.
베틀의 북을 가슴에 품은 채, 그동안의 고난과 역경을 모두 가슴속에 묻어버린다.
그리고 수놓아진 무리들의 주위를 차분하게 걸으며 맴돈다.
무리들을 맴돌다 순이가 무대 앞쪽으로 나오면, 호리존트는 각양각색의 삶으로 물들여진 꽃들로 가득 채워진다.

[148] 수로 피어난 무리들

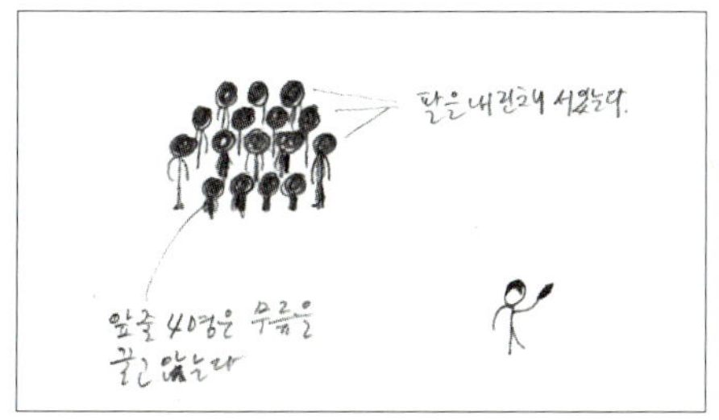

무용수들은 서서히 좌우로 몸을 흔들어준다. 순이는 상수 앞쪽에서 무리들을 바라본다.

[149] 수로 피어난 무리들을 돌아보는 순이

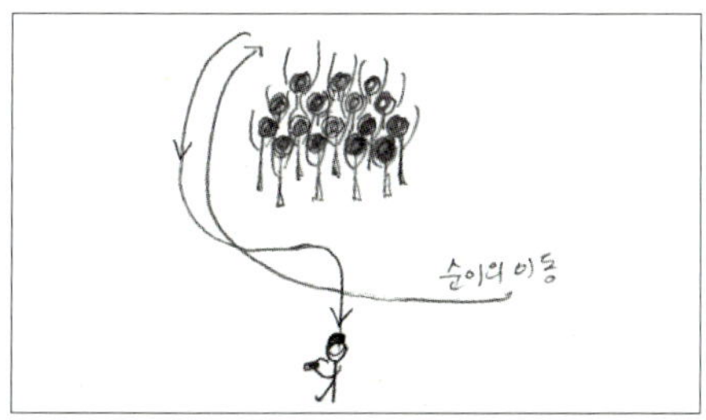

수놓아진 무용수들의 손끝의 흔들림이 아름다움으로 느껴진다. 순이의 마음은 벅찬 감동, 행복감, 흐뭇함, 편안함이다. 순이가 무대 앞으로 나올 때 호리존트는 각양각색의 꽃으로 가득 채워진다.

서러움의 꽃	아쉬움의 꽃
즐거움의 꽃	행복의 꽃
질투의 꽃	사랑의 꽃
미움의 꽃	기쁨의 꽃
증오의 꽃	희생의 꽃
저주의 꽃	고통의 꽃
아픔의 꽃	눈물의 꽃
슬픔의 꽃	위안의 꽃

서러움 아픔 눈물 슬픔 고통 미움 저주 증오 질투 희생 아쉬움 기쁨 즐거움 행복 사랑… 좌절 희망…

호리존트에 채워진 꽃은 무지갯빛의 화려한 꽃들이다.

가슴에 품은 베틀의 북을 다시 한 번 힘 있게 끌어안으며 순이는 조용히 내려앉는다[150].

지그시 눈을 감은 채 아주 작고 조용한 움직임으로 서서히 몸을 좌우로 흔드는 순이의 모습을 통해 수놓아진 무리들 사이로 의미 있는 붉은색의 꽃 한 송이가 피어나고 그것은 다시 호리존트에 물든다.

(조명이 앞에서 순이를 투사하면 수놓아진 무용수들이 호리존트에 비추어진다. 잠시 후 순이 뒤로 보이는 무대 중앙 무용수들의 불빛이 사라지고 호리존트의 많은 꽃들이 한 송이 두 송이씩 사라지면서 결국 순이의 모습과 한 송이의 붉은색 꽃만이 그

[150] 무대 중앙 앞

곳에 남는다)

수 : 꽃으로 수놓아진 무리들이 사라진다.
그리고 순이의 마음꽃이 피어난다.
한 송이의 붉은색 꽃만이 호리존트에 선명하게 드러난다.

순이 : 순이는 베틀의 북을 가슴에 품어 안은 채 멀리 바라본다.
순이 뒤로[151] 붉은색 꽃 한 송이가 보인다[152].
순이의 표정은 아주 편안하고 행복이 가득하다.

(우리 모두의 가슴속엔 순이의 마음꽃이 진한 감동과 여운으로 남아 맴돈다)

서서히 막이 내린다.

막이 내려오는 동안 조명은[153] 점점 작아져 순이의 얼굴만 하나의 점으로 남게 된다. 점으로 남아 있던 순이의 얼굴마저 사라지게 되면 마음꽃으로 피어난 붉은색 꽃만이 호리존트에 남겨진다.

막이 내리고 음악은 계속 흐르며 여운을 남긴다.

[151–152] 호리존트에 한 송이의 마음꽃으로 피어나는 순이의 마음

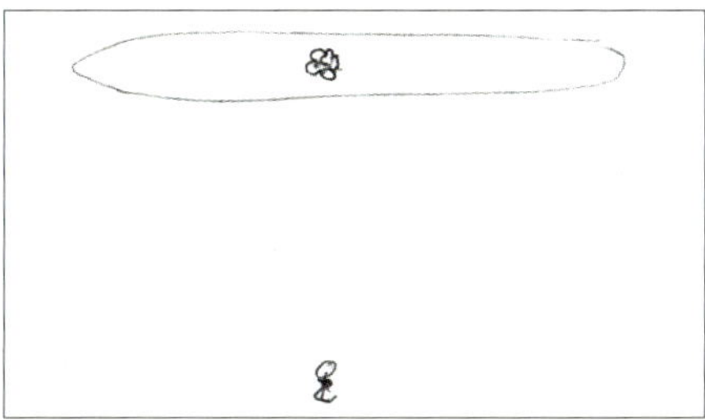

무대 중앙에 수놓아진 무리의 모습이 사라진 다음(조명 아웃), 호리존트에 피어난 여러 송이의 꽃이 한 송이의 선명한 꽃으로 남는다. 순이는 무대 중앙 앞에서 베틀의 북을 가슴에 품는다.

무대에는 순이의 모습만이 작은 점으로 남겨진다.

막이 내린다.

[153] 앞에서 순이를 투사한다.

Ⅲ. 마음꽃 공연평

제14회 서울국제무용제를 보고 〈마음꽃〉

이상일 / 『문화일보』 1992.11.6

이번 서울무용제는 한국무용 장르의 강세로 시작해 그 기세의 난류 속에 끝이 났다. 우선 대본심사에 나온 신청작부터 한국무용이 압도적으로 많았고, 그 결과 본선에 진출한 것은 한국무용 5편, 발레 3편, 현대무용 2편의 비율이었다. 이렇게 막이 오른 서울국제무용제(10월 7일~28일 문예회관 대극장)는 춤의 해의 가을답게 풍성함을 기대했지만 결과는 만족스럽다고 할 수는 없는 것 같다.

한국무용 장르의 강세는 전야제부터 〈명무전〉, 초청공연 〈벼〉, 〈광대의 꿈〉 등 한국무용 공연으로 기세를 올렸다. 공연평가 심사위 위원에 당연직을 포함한 한국무용 원로들이 수적 우세를 점하고 마침내 한국무용인 〈회귀선〉을 정상에 올려 위세를 두드러지게 했다. (중략)

한국무용에서 두드러진 작품은 임학선무용단의 〈마음꽃〉, 춤타래의 〈회귀선〉, 윤덕경무용단의 〈보이지 않는 문〉 등이다. 이은주무용단의 〈문〉은 뜻밖의 활기찬 움직임으로 시선을 끌었고, 이길주무용단의 〈마지막 황후는…〉은 역사의 무용적 센티멘털리즘으로 춤의 야담을 마련한 셈이다.

〈마음꽃〉은 세련되고 아름다운 작품이었으며 검은 의상에 들어 올린 흰 발들의 군무가 만든 이미지는 창조적이었다. 그것은 〈보이지 않는 문〉이 표출해낸 거칠고 파격적인 춤에 대비된다. 이른바 한국창작무용 계열인 이 두 무용단의 특징은 이야기 중심의 무용 작품을 지양하고 이미지로서 이야기나 관념을 표현하는 점이다.

이에 비해 같은 창작무용이라도 계열이 약간 다른 〈회귀선〉의 경우 무겁고 경직된 관념에 짓눌린 춤사위들이 표현의 자유를 얻지 못한다. 그러나 이 작품이 92 서울국제무용제의 대상을 받았다. 그로써 국제적이지도 않은 서울국제무용제의 수준이 바로 한국무용의 수준임을 증명한 서울무용제는 15년의 연륜을 쌓았음에도 불구하고 평가심사 과정이 여전히 시비의 대상이라는 난제를 안고 있다. 한 번쯤 심사의 공정을 기하기 위해 전원 평론가들로 구성된 운영위원회와 심사위원회쯤을 구성해봄직하다.

제14회 서울국제무용제 〈마음꽃〉

문애령 / 『무용예술』 1992.12

…… '인내의 미학'을 강조한 임학선무용단의 〈마음꽃〉은 예쁜 춤과 고통스러운 춤을 양립시킨 작품이다. 임학선의 작품에는 항상 명확한 기-승-전-결이 있다. 이번 작품을 보면서 느낀 것도 야무진 며느리의 인상이었다. 한국 춤의 극화 과정에서 보이는 재치 있는 장면 구성과 진지한 움직임의 연구가 병행되는 동안 한 점 빈틈이 없기 때문이다. 즉 구속 안에서의 창작을 어느 한쪽으로도 기울지 않게 진행시키는 능력을 보여준다.

주인공인 한 여인에게 일어날 수 있는 사건들을 소재로 한 이 작품은 신방을 꾸민 신부, 시집살이의 험난함, 인내로 피어난 마음꽃을 연결시킨다. 부드러운 실과 천에 강한 바늘이 꽂혀 마음속에 피어나는 꽃이야말로 한국 여인이 사는 모습이라는 것이 안무자의 생각이다. 그래서 '자신의 삶을 지키려는 씨줄과 타인에 의해 삶이 지배되는 날줄'이 만드는 매듭이, 고통과 그 매듭을 풀어내는 '어머니'의 숨결이 이 작품의 주체가 되는 셈이다.

한국 전통의 틀을 고수하면서 새로운 기교를 시도한 〈마음꽃〉에는 환난을 감지케 하는 천의 회전과 군무진의 움직임을 통한 강한 암시력이 담겨 있었다. 이러한 움직임에 대한 연구는 모든 안무자가 염두에 두어야 할 좋은 본보기였다. 주역을 맡은 임현선은 여러 분위기에서의 춤을 무난히 이끌어 연기상을 수상했다.……

임학선 안무노트

초판 1쇄 인쇄 2017년 11월 24일
초판 1쇄 발행 2017년 11월 30일

지은이 임학선
펴낸이 정규상
펴낸곳 성균관대학교 출판부
책임편집 신철호
편　집 현상철·구남희
외주디자인 주홍디자인
마케팅 박정수·김지현

등록 1975년 5월 21일 제1975-9호
주소 03063 서울특별시 종로구 성균관로 25-2
대표전화 02)760-1252~4
팩스밀리 02)762-7452
홈페이지 press.skku.edu

ISBN 979-11-5550-258-7 93680
ISBN 979-11-5550-257-0(세트)